教会你800个思维

李恒◎著

北京理工大学出版社
BEIJING INSTITUTE OF TECHNOLOGY PRESS

图书在版编目(CIP)数据

教会你800个思维 / 李恒著.
北京:北京理工大学出版社, 2025. 9.(2026. 1重印)
ISBN 978-7-5763-5822-3
Ⅰ. C912.11-49
中国国家版本馆CIP数据核字第2025CX9005号

责任编辑: 郭树山　　**文案编辑:** 邓　洁
责任校对: 刘亚男　　**责任印制:** 王美丽

出版发行 / 北京理工大学出版社有限责任公司
社　　址 / 北京市丰台区四合庄路6号
邮　　编 / 100070
电　　话 / (010)82563891(童书售后服务热线)
网　　址 / http://www.bitpress.com.cn

版 印 次 / 2026年1月第1版第5次印刷
印　　刷 / 河北翔驰润达印务有限公司
开　　本 / 710 mm×1000 mm　1/16
印　　张 / 12
字　　数 / 400千字
定　　价 / 59.80元

前言

人生如棋局，处世似对弈。在这个人际关系日趋复杂的时代，无论是与人交往，还是言谈行事，都需留点“心眼”，方能在社交场合中从容进退、游刃有余。

这些生活中的“点子”“心眼”，也就是思维上的诀窍，并非教你八面玲珑，更不是鼓励自私自利，而是一种在保护自我与理解他人之间、在恪守原则与灵活应变之间取得平衡的智慧。这种智慧，往往决定一个人在人生的道路上能走多远、行多稳。

回望历史，那些流传千载的处世智慧至今依然熠熠生辉。诸葛亮七擒孟获，是以“攻心”为上；晏子智斗楚人，凭借的是机辩之才；娄师德唾面自干，诠释了隐忍之力……先贤们以自身的经历告诉我们：真正的胜利，不在于征服他人之身，而在于收服其心；面对侮辱与挑衅，不卑不亢、从容以对才是上策；暂时的退让，往往是为了更长远的前进……而这些，都需要我们掌握一些思维上的诀窍，才能迎刃而解、化险为夷。

纵使时空更迭，这些古老的智慧在当今社会仍具有深刻的现实意义。比如在人际交往中，当朋友陷入困境，一个愿意真诚倾听的人，远比那些只会指手画脚的人更可贵；产生误会时，冷静沟通的态度往往能化解大部分的矛盾。

又如在职场中，面对不合理的指责，直接对抗可能适得其反。若能先肯定对方的部分观点，再以事实委婉陈述己见，反而更容易被人接受。处理同事关系时，既要有良性竞争的意识，也需深知团队协作的重要。很多时候，懂得在适当之时“示弱”的人，反而更容易赢得同事的支持与领导的信任。

再比如在职场晋升、项目竞争等关键场合，适度的隐忍与战略性的等待，往往能收获更理想的结果。尤其在这个节奏很快的时代，许多人习惯于用直接甚至激烈的方式解决问题，却忽略了“以退为进”的智慧。这就像围棋之道：舍小就大，弃子争先，方能为全局胜利铺路。

为人处世智慧的精髓，在于能审时度势、随机应变。它要求我们既能守住做人的底线，也具备做事的弹性；既保持真诚的品格，也掌握沟通的技巧。修炼这份智慧，不仅能让我们在人际交往中从容自如，更能为事业发展奠定坚实的基础。

本书从大量先贤轶事入手，为读者解读各种思维的诀窍和处世的智慧，并提炼出 800 个应对各种情境的技巧，内容涵盖职场沟通、商务谈判、社交礼仪、危机处理等方面。希望本书能帮助读者在日常中不断修习这门学问，走向更圆满、从容的人生。

目录

第三章 洞悉人性：制人无形，守己不殆

第四章 谨言慎行：不惹是非，不结仇怨

第五章 情感韬略：小惠结缘，厚利相报

第一章

弈道乾坤：交往开篇的制胜心法

进退有度，让相处更从容

你是否有过这样的经历：在关系里倾注了满腔热情，反而让对方感到压力？你付出得越多，对方却越疏远？人际交往其实是一种博弈，若总是急于靠近，未必能换来积极的回应；适当留出空间，保持从容，反而能让关系更加舒适自在。

点子剧场——七擒孟获

《三国演义》中讲述了诸葛亮七擒孟获的故事：公元 225 年，诸葛亮率军平定南中叛乱。面对在当地深得民心的首领孟获，诸葛亮确立了“以德服人”的战略方针——不仅要取得军事胜利，更要赢得当地民众的认同。

初次交锋，蜀军智取孟获。诸葛亮不仅没有加害，反而邀请他参观军营，展示军容。孟获认为自己失败是因为“不了解蜀军虚实”，请求再战，诸葛亮欣然答应。孟获重整旗鼓后，凭借特殊装备和地利优势再次挑战。诸葛亮则从容应对，见招拆招。

经过七次交锋、七次释放后，孟获终于对诸葛亮心悦诚服。

人际交往中适度留白，往往能带来意想不到的效果。这不是刻意算计，而是对互动节奏的善意把握。

首先，以退为进化解僵局。在沟通遇到阻碍时，适度让步反而能打开局面。比如在重要谈判中，先在一些次要问题上表示理解，换来对方在关键事项上的配合。

其次，保持适当的空间。过分热情有时会让关系失去平衡，适当的空间反而能让彼此更珍惜相处的时光。在工作中，适时展现成长进步，比一次性展示全部能力更能获得持续认可。

最后，以柔克刚化解冲突。在面对分歧时，耐心倾听比急于反驳更能促成理解。先接纳对方的情绪，再平和地表达自己的想法，让沟通向积极的方向发展。

这些方法的核心是尊重对方的感受和选择，让关系在自然互动中向着好的方向发展。这不是操控，而是建立在相互理解基础上的相处智慧。

现代场景应用

在日常交往中，过度紧逼会引发抵触，适当放手反而能让对方重视你。多留个心眼，你才能成为关系的主导者。

思维1 对于想结交的人，即便内心很想和对方继续聊，聊得差不多后也要说“你先忙，回头聊”，给对方留空间，也让彼此都保持对下次交流的期待。

思维2 初识新朋友时，不必急着把所有故事都讲完，留些趣事下次聊，保留一些新鲜感，他会好奇你还有多少故事。

思维3 当对方想知道更多细节时，可以微笑摇头说：“有些事，知道的人越少越有趣。”这样反而会引发对方持续追问的兴趣。

思维4 和喜欢的人分享一首歌时，不必急着解释太多。等对方好奇问起时，再自然地聊这首歌让你想到对方的原因，让互动更有温度。

思维 5 给在意的人发重要信息，发送之后再撤回，等对方追问时，回复“不小心按错了”，可能引发对方无限猜想。

思维 6 和喜欢的人发微信时，如果对方发来内容较多的消息，不妨稍等片刻再回复，先好好思考对方表达的内容，再自然地回应其中你最想继续聊的部分。

思维 7 想和喜欢的人见面时，可以这样说：“有件事想和你聊聊，等见面再说。”既表达了想见面的心意，也给彼此留了期待的空间。

思维 8 暧昧期，对方约你见面，你可以说：“我觉得我们还需要多一些的了解，等时机更成熟的时候再见面吧。”给予对方努力的空间。

思维 9 朋友圈发旅行照，有人问地点别立刻回，隔半个小时评论“私信你呀”，对方会觉得你不刻意又愿意保持互动。

思维 10 帮人后轻描淡写拒绝回报，如果对方执意感谢，可以微笑婉拒：“小事儿，别放在心上。”这份真诚的善意往往会让对方更加珍视这份情谊。

思维 11 讨论出现分歧时，主动在无关紧要处让步：“这点你说得有道理。”对方在获得满足感后戒心会降低，此时你再提出诉求，阻力会小很多。

思维 12 当需要同事帮忙修改方案时，可以这样表达：“这部分内容我改了几次还是不太理想，我知道你最近也挺忙，我再研究研究吧。”这样既表达了困难，又体谅了对方的处境，同事会更乐意伸出援手。

思维 13 向长辈请教问题时，先说“我自己琢磨了一下没太懂”，等他讲完后你再补充细节：“原来还可以这样考虑，您说的这点给了我新启发！”这样既展现了你的思考过程，也让长辈感受到被尊重。

塑造独特价值，让别人更想珍惜

人与人之间的关系很奇妙，太容易得到的东西往往不被在意。适当保持自己的独立和神秘，反而能让对方更懂得欣赏你的好。

点子剧场——三顾茅庐

东汉末年，天下大乱，群雄四起。刘备求贤若渴。听说隆中（今湖北襄阳）有一位人称“卧龙”的诸葛亮，便带着关羽、张飞前往拜访。

刘备首顾茅庐时，恰巧诸葛亮出去了；二顾时，只见到了诸葛亮的弟弟诸葛均，得知诸葛亮又出门远游了。到了第三次，正逢诸葛亮午睡，刘备不忍打扰，静静在门外等候。诸葛亮醒来后，见刘备恭敬地站在阶前，这才将他请入草堂。

两人促膝长谈，诸葛亮提出了“三分天下”的策略。刘备很是钦佩，诚邀诸葛亮出山相助。诸葛亮被刘备“三顾茅庐”的诚心打动，从此尽心竭力辅佐刘备，共谋大业。

先生若不嫌弃刘备出身卑微，恳请出山相助。
承蒙将军如此厚爱，亮愿效犬马之劳，追随左右。

“稀缺”背后的道理，其实和人对事物的感知有关：越是难得的东西，往往越让人觉得珍贵。通过创造“不易得”或“可能失去”的感觉，让对方更清晰地看到你的价值，从心里更看重你。

现代场景应用

懂得制造稀缺感，运用吸引对方与保持自身魅力的智慧。在人际交往的细微处稍加留心，你便能成为那个令人珍视、害怕失去的存在。

思维 14 面对其他职业机会，你可以不经意间透露：“最近确实有猎头联系过我，但我觉得现在的团队氛围特别好，更值得我全心投入。”暗示自己很“抢手”。

思维 15 在职场中掌握一些技能时，不要一次倾囊相授，选择“限量”分享核心片段，吸引对方主动靠近。

思维 16 限量给予“特权”，比如你可以对合作伙伴说：“我通常不接急单，但既然是您的项目，我一定想办法优先处理。”

思维 17 心仪对象约在周末见面，你可以回复：“我周六下午原本有其他安排，但和你见面也很重要，我很乐意为你空出来。”用“限时特权”暗示自己的特别。

思维 18 当对方习惯你每日问候，偶尔“缺席”一次：“昨天实在太忙了，刚刚才闲下来。突然觉得少了点什么，原来是没来得及和你说声早安。”

思维 19 在表达爱意时，你可以强调对方的独特性：“和你在一起时的感觉很特别，这种想要全心对待一个人的心情，我还是第一次有。”

思维 20 展示生活趣味时不妨留些悬念：“我最近在学一项很有趣的小手艺，

等练好了第一个给你看。”在对方心中埋下一份专属的期待。

思维 21 在合适的时机，自然地展现自己的兴趣或特长，比如适时弹唱一首歌、遇到突发状况时从容应对，让对方更了解你独特的一面。

思维 22 对认识不久的朋友，你可以这样说：“和你聊天，我感觉很投缘，有些平时不太会说的话，也想和你分享。”让对方感觉他在你心里始终有“特别”的位置。

思维 23 创造一些只有你们才懂的小默契，比如有趣的昵称、共同经历过的玩笑话，这些自然而然的小互动会让彼此的联系更加特别。

思维 24 组织一些有意义的小型分享会，说明“席位不多，先确认的朋友可以预留”。这样用名额的有限性带动大家的参与兴致。

思维 25 在分享资料时，你可以这样说：“这是内部整理的参考资料，目前还没有对外公开，你看完记得帮我保密哦。”这既能体现信息的特殊性，也可以创造信任感。

思维 26 在提供帮助后，你可以这样说：“这次正好能帮上忙，我很开心。你以后有什么需要也可以找我，不过可能要看具体情况了。”这可以避免自己被视作“永久资源”。

真心待人，适时相助，情谊自深

为什么明明自己花了不少心思经营关系，效果却不太明显？其实，多了解对方的真实喜好，比自己一味付出更有意义。找到彼此契合的点，往往能相处得更轻松愉快，彼此间的信任和亲近感也会自然加深。

点子剧场——冯谖焚券市义

战国时期，孟尝君命冯谖到封地薛邑收债，冯谖问:“收完债需要买些什么回来？”孟尝君随口道:“看我家缺什么就买什么。”

冯谖到薛邑后，并未强行催债，而是观察到百姓因赋税繁重而生活窘迫。他以孟尝君的名义将债券尽数烧毁，并宣告“孟尝君愿与百姓共患难”，百姓们深受感动，纷纷向孟尝君表达感激之情。

孟尝君得知后很无奈，冯谖却从容解释:“您说‘买缺的东西’，您家中珍宝无数，唯独缺‘仁义’，我替您把‘仁义’买回来了。”后来，孟尝君遭齐王猜忌，被迫回到薛邑时，百姓扶老携幼夹道欢迎，这个“仁义”确实为孟尝君买到了。

与人相处贵在真诚相待，用心了解对方的兴趣和需求，才能建立真挚的情谊。

初次见面时，多留意对方的兴趣爱好，自然地交流，双方的距离就会慢慢拉近。

若想双方的关系更进一步，理解对方真正的需要很重要。无论是工作伙伴还是亲密关系，能在对方需要时给予恰当的关心和支持，这份情谊就会更加深厚。

当对方渐渐觉得“你总能懂我”，便会慢慢形成一种信赖。这时，你在这段关系里自然会成为特别的存在。

现代场景应用

试着去体察并回应他人的需求，在相处时自然会多些默契，关系也会亲近起来。

思维 27 可以这样观察朋友的社交动态：看看他们经常分享哪些生活点滴，比如可爱的宠物、喜欢的书籍或是难忘的旅行；留意他们会倾诉些什么，比如工作太忙或是渴望被理解的心情。

思维 28 看到同事办公桌上贴着篮球明星的海报，下次碰面时随口聊聊：“上周那场比赛你看了吗？最后那个绝杀球真精彩。”用轻松的话题消除距离感。

思维 29 初次见面，留意对方随身物品，比如特别的文具或饰品等，自然地夸一句：“这物件真特别，很衬你的气质。”用这种方式开启话题，展示你对他的关注。

思维 30 通过留意对方对某些事件的看法和反应，可以更好地理解他的价值观和喜恶。这样能让我们更懂得如何与他相处。

思维 31 对方为某事焦虑时，你提供针对性资源：“我刚好认识个处理过类似问题的人，需要的话可以介绍你们认识。”

思维 32 在职场中，向领导汇报时，你可以先讲他最关心的结果和数据，再展开细节，这样既能让沟通更高效，也体现了你对工作重点的把握。

思维 33 为重要的人挑选礼物时，你可以多考虑他们日常真正用得到的东西，比如舒适的耳机或好用的杯子，既实用又能传递心意。

思维 34 想约喜欢的人吃饭时，你可以留意他平时喜欢的美食类型，比如说："最近看到你关注的美食博主推荐了一家店，要不要一起去尝尝？"

思维 35 相亲时发现对方手机壳是某乐队图案，你可以自然地聊起："你也喜欢这个乐队啊？他们的新专辑里有几首歌挺不错的。"

思维 36 想请人帮忙，你别说"这事对我很重要"，而要说"你在这方面特专业，能给我点建议吗"，满足对方"被需要"的价值感。

思维 37 如果对方与你分享成就，你可以真诚地说："我真为你高兴！这个过程一定很不容易吧？"满足其倾诉与被理解的需求。

思维 38 如果对方喜欢被倾听，聊天时你可以把手机设置成静音放在一旁，专注回应："我在认真听呢，你继续说。"满足对方被重视的需求。

思维 39 不确定对方喜好时，你可以用选择题代替开放式提问："周末有空的话，你一般喜欢去爬山还是看展览呢？"以便从他的选择中锁定方向。

思维 40 如果你注意到对方很在意细节，可以自然地提起他今天的变化，比如说"这条领带很衬你的西装"或者"你的新发型很精神"，这样的关心会让人感到被重视。

虚实之间，自退其势

有时即便准备充分，我们也可能在重要场合因紧张或拘谨而未能完全展现自己。在人际交往中，适度展现自信并非刻意为之，而是通过得体的言行举止、从容的气场，帮自己争取到更主动的位置。

点子剧场——空城计

《三国演义》中讲述了诸葛亮空城计的故事：三国时期，蜀汉丞相诸葛亮因错用马谡，痛失战略要地街亭。魏国大将司马懿乘胜率领十五万大军，直扑诸葛亮所在的西城。此时西城兵力空虚，情势万分危急。

诸葛亮深知仓促撤退必遭追击，全军覆没。他反其道而行之，下令大开城门，自己身披鹤氅，头戴纶巾，神态自若地登上城楼，焚香抚琴。琴声悠扬，城门内外一片平静祥和。

司马懿率军兵临城下，见此反常景象，疑窦顿生。他深知诸葛亮一生谨慎，从不弄险，认定城内必有重兵埋伏，意在诱其深入。司马懿恐中计，最终下令全军火速撤退。诸葛亮就这样以一座空城，吓退十五万敌军。

城里恐怕有埋伏，
我们赶快撤退吧！

适度展现自信能帮助我们营造出强大的心理气场，在关键时刻更好地展现自己。当对方不清楚你的真实情况时，你那份镇定自若、胸有成竹的姿态，能让对方更认真地对待你的观点，从而提升沟通的效果。

现代场景应用

在社交场合中，想要获得他人的关注和认可，过分低调容易被忽视，刻意炫耀又可能适得其反。其实，适度展现自己的优点和特质，保持一份恰到好处的神秘感，反而能让你在人群中自然而然地成为焦点。

思维 41　在向别人介绍自己时，你可以顺带说一句："我刚参加完一个很有收获的分享会，路上赶得有点儿急。"暗示自己很忙碌。

思维 42　在交换名片时，你可以顺带分享一些工作近况："最近我们刚和××集团达成新的合作，这是我的名片，请多指教。"这样既能展现自己的专业背景，又显得自然得体。

思维 43　当别人问起职业时，你可以具体聊聊工作内容："我从事新媒体运营，最近主要负责品牌的内容策划和传播。"这样既专业又易懂。

思维 44　聊天提及人脉资源时，你不用说"我认识谁"，而可以说自己"上周刚和几位业内前辈聊过这个……"，暗示自己的圈层。

思维 45　在遭遇追问时，你可以突然压低声音说："这件事涉及一些朋友的隐私，可能不太方便细说。"用"内幕信息"制造神秘感。

思维 46　在表达不同看法时，你可以保持开放的姿态，说："我明白你的想法，不过有个地方，您可能需要多考虑一下……"先表示理解再从容转折，显示尊重对方。

思维 47　在团队讨论中，如果方案还需要完善，你可以这样说："这个方向整体是可行的，具体细节我还需要和大家进一步确认，会后我会尽快补充完整。”

思维 48 在被人打断发言时，你可以轻轻抬手示意稍等，说：“请给我半分钟把这个思路说完，之后再好好听你的想法。”这样冷静的回应，既能让自己把话说完，也自然接续了沟通的节奏。

思维 49 在被要求介绍人脉资源时，你可以说：“我可以帮忙联系看看，不过他们通常对合作伙伴有一些具体要求。”用“严苛的门槛”暗示自身圈层的价值。

思维 50 当有人打探你的薪资时，你可以说：“我今年的薪资比去年涨了30%，不过在行业里只能算中等。”用模糊范围制造想象空间。

思维 51 在遇到不讲理的情况时，你可以保持适当的距离，平静地说：“或许我们可以换个方式来解决这个问题。”让人隐约感觉到你有自己的底线和考量。

思维 52 聚餐迟到时，你可以在进门后先说“抱歉，刚和前辈聊合作，多耽误了会儿”，展现自身的人际互动层次。

思维 53 在拒绝请求时，你可以说：“很抱歉这次帮不上忙，最近工作确实比较紧张。”用“忙碌”暗示自己的重要性。

情之所至，恰是机缘所在

爱情里其实藏着一种微妙的心理互动，不必刻意追逐或算计。在适当的时候给予对方空间，在合适的时机表达心意，用自己的真诚与智慧慢慢吸引对方，最终自然而然地选择彼此。

点子剧场——卓文君与司马相如

卓文君出身富商之家，在一次宴会上被司马相如的琴声所打动。当夜，这位勇敢的女子便决定追随自己的心意，与司马相如携手离去。

她的父亲卓王孙勃然大怒，断绝了对女儿的经济支持。夫妻二人生计艰难，卓文君用身上仅有的银钱在临邛开了间小酒铺，文君当垆沽酒，相如则负责清洗酒器。这番举动让卓王孙既心疼又难堪，最终只得妥协，只好拿出一笔巨资，外附若干房屋地契赠与女儿。

后来，司马相如得到汉武帝赏识，久居京城，起了纳妾的念头。聪慧的文君没有哭闹，而是写下《白头吟》寄去，诗中“闻君有两意，故来相决绝”“愿得一心人，白头不相离”的深情，字字珠玑，让司马相如读后羞愧不已，当即打消纳妾念头，与文君重归于好。

闻君有两意，
故来相决绝。
是我糊涂了，
此生绝不负你。

在感情里，死缠烂打的方式往往会让人失了分寸。真正的主动权，从不是想着去控制对方，而是用真诚的心意与恰当的相处方式，让彼此在舒适的互动中，相互理解、靠近。

现代场景应用

爱情是两颗心慢慢靠近的过程：从初识时的怦然心动，到相知后的默契相守。与其执着于掌控节奏，不如多一份对彼此感受的体察，替代盲目的付出或试探，让感情朝着期望的方向发展。

思维 54 在聊到共同兴趣时，你可以说："这个问题我研究了很久！"停顿后叹气道："要是能随时请教你就好了……"引导对方主动提议添加联系方式。

思维 55 想要延续下一次聊天，你可以在告别时说："今天和你聊得挺有意思，有些想法我回去再想想，咱们下次接着聊。"为下次联系做铺垫。

思维 56 第二次见面时，你可以指着对方项链说："这条项链很适合你，和上次银色的那条是不同风格呢。"用"记住细节"传递"我在关注你"的信号。

思维 57 你可以在聊天时故意说："我平时很少能和新认识的朋友聊得这么投缘。"用特殊待遇来暗示对方的独特性。

思维 58 在朋友圈发与优秀异性合照，配文："和认识十年的老朋友见面，聊起近况还是那么开心。"这可以让对方有一定的危机感。

思维 59 送礼物选"非刚需但有格调"的东西，比如小众香薰，附上纸条"这种香气和你很配"。

思维 60 见面时戴对方曾提到过的饰品，他问起时，你可以说："对呀，这是我很喜欢的那件，没想到你还记得。"用细节来制造默契感。

思维 61 在散步路过咖啡店时，你可以很自然地聊起："这家店的窗户阳光特别好，冬天在这里晒太阳喝咖啡应该很舒服。"单纯分享一个温暖的生活意象，让对话轻松愉快。

思维 62 聚会结束后，如果想和对方聊天，你可以说："我刚到家，今天聚会很开心。"等对方回应后，你再自然地补充："听到你的声音，我感觉更开心了。"

思维 63 如果觉得两人间关系一直不明朗，你可以找个合适的时机坦诚地说："我最近有些困惑，不知道我们现在这样相处，你是怎么想的呢？"给对方空间分享真实想法。

思维 64 当男同事约饭时，你可以这样回应："今天可能不太方便，我和男朋友约好一起做饭了。"这样既礼貌地拒绝，又可以让对方知道自己有对象了。

思维 65 如果感觉对方疏远你，你不妨把注意力放回自己身上，在社交平台分享真实的生活状态，比如："一个人的时候，也能慢慢沉淀自己。"专注于自己的生活。

思维 66 在纪念日时，你可以送他你们第一次看电影的票根，附上一句："还记得那天我们一起看的电影吗？这张票根我一直好好收着。"用"精准记忆"唤醒他的情感共鸣。

第二章

察言观色：识人鉴心，言贵机锋

观色识心，从细微处读懂人心

很多真实的情绪其实藏在细微的表情里——比如不经意挑起的眉毛、抿起的嘴唇，或是眼神一闪而过的变化，这些都是内心状态自然流露的痕迹。学会留意这些细节，能帮助我们更好地感受到对方未说出口的心意。

点子剧场——管仲察色

春秋时期，齐桓公有意重用贤士甯戚，但大臣们提出异议："此人是卫国人，我们对其了解不多，需要谨慎。"管仲建议不如设宴观察他的为人。

宴席间，齐桓公故意命人将甯戚拿下问罪，管仲仔细观察，发现甯戚被缚时依然昂首挺胸，目光坚定，眉宇间透着坦荡之气。

管仲立即上前为其松绑，向齐桓公进言："此人临危不乱，定是难得的人才！"

齐桓公采纳建议，拜甯戚为大夫。后来甯戚果然辅佐齐国开疆拓土，证实了管仲的识人之明。

"观色识心"的本质是捕捉人类无法完全抑制的生理反应，了解表情、神态背后的语言。

首先，再厉害的人也很难完全控制面部约40块肌肉的瞬间反应。恐惧时瞳孔扩张、厌恶时鼻翼微皱、轻蔑时单侧嘴角上提，都会在极短的时间内暴露真实情绪。

其次，矛盾信号是识谎的关键。当对方嘴上说“我支持你”，却伴有短暂蹙眉或视线回避时，这种“言行不一”就是预警信号。

透过对方潜意识的微反应分析其内心的想法，这既是洞察人性的读心术，更是掌控社交主动权的博弈策略。

现代场景应用

有时候，人们口头上说“都可以”，内心可能还有些犹豫；表面热情寒暄，也许对方还没完全放下防备之心。这时候，多留意对方的神情变化，细心体会言外之意，我们就能更好地理解彼此。

思维67 对方说“没问题”时，若眉头微蹙、眨眼加速，可能是不情愿，你可以追问：“您是不是有难处？”

思维68 初次见面握手，若对方指尖发凉、掌心出汗，多是紧张或心虚。此时，你可以放缓交流节奏，慢慢拉近距离。

思维69 问他人意见时，若对方瞳孔突然缩小、下颌肌肉紧绷，可能对当前条件不满，你可直接问：“您是不是有什么顾虑？可以说说您的想法。”

思维70 对手频繁整理着装，重复无意义的动作，可能是情绪紧张的表现。你可主动递水杯或切换轻松话题：“最近项目压力挺大吧？”缓解对方的焦虑。

思维71 谈判时对手反复摸下巴、抿嘴唇，是在权衡利弊。此时，你可以停下来静观，让对方先表态。

思维 72 在汇报工作时，领导听到关键的地方摸鼻子、揉太阳穴，大概率是不耐烦的信号，你可能需要精简内容或切换重点。

思维 73 当你提出关键问题后，对方视线瞬间右移，可能是正在虚构答案，你这时需要当心对方准备欺骗你。

思维 74 对方说“我没事”，却用力抿嘴来抑制情绪，或者喉结快速上下移动，可能是在强忍愤怒或委屈。

思维 75 真诚的笑会带动眼角皱纹，若对方笑时眼睛无变化，可能是在掩饰情绪。你可轻握对方的手说：“我感觉你有些心事，需要聊聊吗？”

思维 76 当你提到某个话题时，对方突然抿紧嘴唇、低头沉默，大概率是情绪压抑的表现。你可以主动道歉：“是不是我说错话了？”从而化解对方的防御心理。

思维 77 在相处过程中，若对方不自觉模仿你的动作，则是潜意识认同的表现。

思维 78 在聊天时，对方频繁舔嘴唇，可能是因为紧张或渴望亲近。若在暧昧期，你可以直视对方的眼睛微笑说：“其实你刚才说的话，让我有点儿心动。”

思维 79 当你议论第三者时，若朋友抱臂、撇嘴，说明他也许不认同你的观点。你可以转向询问：“你跟他接触更多，觉得他是怎样的人？”让朋友表达真实看法。

思维 80 当你分享计划时，若朋友扬起下巴、眯起眼睛，可能是质疑的表现。你可以主动补充细节：“我知道你可能担心风险，这是我做的预算，你看看？”

听弦外音，察秋毫以明态度

在日常交流中，我们说出的话常常不只是字面意思那么简单，言语背后往往还蕴含着更丰富的含义。真正的沟通高手，不仅能听懂对方“说什么”，更能敏锐地捕捉对方“想说什么”。掌握听“弦外音”的能力，能帮助你洞察对方的真实意图和态度。

点子剧场——淳于髡谏齐威王

战国时，楚国大举进攻齐国。齐威王派淳于髡到赵国求援，但只给了他“金百斤，车马十驷”这微薄的礼物。淳于髡明白礼物太轻难以成事，却不明说。他仰天大笑，对齐威王讲了个故事：他在路上看见一个农夫，用少量猪蹄和薄酒向神祈祷，希望贫瘠的土地能长出满仓谷物，狭小的田地能收获成车的粮食。

齐威王听了立刻醒悟，大笑道：“你是嫌礼物少了吧！”于是增赐“黄金千镒，白璧十双，车马百驷”。淳于髡果然不负所托，成功求得赵国精兵相助。

“听弦外音”的本质，是通过行为细节、语境等非语言信号，揣摩对方的真实心理，这是社交中重要的观察力。多留意语言背后的“潜台词”，能帮助你在人际交往中做“合格的倾听者”。

现代场景应用

在人际交往中，如果你只听表面言辞，很容易误解对方。学会用心倾听，体会对方的真实想法，能帮助你避免踩对方心里的“雷点”。

思维 81 讨论重要决策时，若对方频繁说“原则上同意”“大体上可行”，却回避具体执行细节和时间，大概率是在暗示你的计划并不可行。

思维 82 领导评价“你很有潜力”却没有给你加薪、晋升，潜台词可能是你“当前表现还不达标”。

思维 83 当你提出邀约或请求，对方却回应“我尽量”“看情况吧”，通常意味着勉强或不情愿，这时你别抱太高期待。

思维 84 同事评价你的方案“很有创意……但可能领导的想法更稳妥”，重点在“但”之后，暗示你的方案风险高，不够好。

思维 85 同事答应协助你时说“等我忙完这阵子”，却不给具体时限，实际上是委婉拒绝，你大概要另外寻求帮助了。

思维 86 前辈提醒你“年轻人多表现挺好”，却皱眉摇头，这时你要想想是不是自己做了什么抢风头的事。

思维 87 对方道歉时说“如果我的做法让你不舒服了，我道歉”，用“如果”开头而非承认事实，可能是在规避责任，并非真心认错。

思维 88 约会对象总提“我前任特别喜欢这里 / 这样做”，特别是在你们正在进行类似活动的时候，可能是在比较或暗示不满。

思维 89 朋友抱怨伴侣时说“他其实人不错，就是……”，重点在“就是”之后的转折，前面“不错”只是铺垫。

思维 90 当你收到评价“你挺实在 / 挺单纯的”，若语境无关褒奖，可能是暗指你缺乏城府或容易被利用。

思维 91 当伴侣在争执中说“随便你怎么想”并用冷淡的语气时，这往往是对方内心失望积累的表现。这时候，你不妨先停下争论，试着理解对方的感受，而不是急于解释或争辩对错。

思维 92 当对方常说“你很好，但我配不上你”时，虽然表面上是自我否定，实际上可能是在委婉地表达拒绝。这时候，尊重对方的选择，给彼此一些空间，或许是更好的处理方式。

思维 93 当朋友说“我没生气”时，如果他嘴角微微下垂，手也不自觉地握紧，可能是他心里有些不快。这时候，你可以主动说声“抱歉”，给彼此一个缓和的机会。

点到即止，智者不言尽

有时候，我们费尽心思解释，对方却听不进去；精心准备的说辞，反而让沟通变得更困难。人际交往就像对待美玉，过分雕琢反而会失去它天然的温润。懂得适可而止的智慧，才能在进退之间维系情谊，收获真诚的理解。

点子剧场——触龙说赵太后

战国时期，秦国攻打赵国，赵国向齐国求援。齐国提出要以赵太后最疼爱的小儿子长安君为人质才肯出兵，赵太后坚决不同意。

这时，老臣触龙前来拜见。他缓步上前说："我腿脚不好走得慢，好久没来看您了。听闻太后近来身体欠安，特来探望。"太后见他未提人质的事，态度才缓和下来。触龙又聊起自己为幼子谋职的烦恼，感叹道："父母疼爱子女，就要为他们做长远的打算啊。"

说着，他话锋一转："当年太后送公主远嫁燕国时，虽万般不舍，却也是为了她的子孙后代着想。如今长安君若不趁此机会为国效力，将来在赵国如何立足呢？"太后恍然大悟，终于同意让长安君去齐国做人质。齐国随即发兵，解了赵国之围。

真正的聪慧不是用犀利的言辞把一切"看透、说透"，而是懂得给别人留余地，也为自己留空间。

首先，留台阶是高情商的体现。若是直接点破他人的过失，很容易激起对方的抵触；倒不如委婉地稍作提醒，让对方在自我反省中接纳建议，既顾全了对方的体面，也让彼此的关系得以维系。

其次，懂得留白是对人性的深刻体察。人大多有思考和分辨的意愿，与其把话说得太满，不如留几分余地——给对方留出琢磨的空间，反而更能激发他们主动调整的意愿。

现代场景应用

“点到即止”的本质，是用“留白”替代“强塞”，以“暗示”取代“说教”，在不伤及他人自尊的前提下达成共识。多一份分寸感，才能在人际博弈中进退自如。

思维 94 朋友借钱含糊其辞，而你也不想借时，不必追问缘由，只说“我最近也有些周转不开，不然一定会帮忙的”，给彼此留个台阶。

思维 95 当朋友迟到半小时还没到时，你不必直接催促“怎么还没来”，可以体贴地说：“我先点了些招牌菜，你慢慢来，路上注意安全。”委婉地让对方知道你已经等了很久了。

思维 96 邻居借物超时未还，你可以说：“上次你借过去的炖锅还挺好用的，最近我又想炖牛肉了。”用需求暗示对方归还物品，不直接指责。

思维 97 不想参加聚会，你不用说“我不想去”，而是真诚地回应：“这次真不凑巧，那天刚好有个重要的安排，下次一定找机会和大家聚聚！”这样既表达遗憾，又留有余地。

思维 98 当对对方的话题不太感兴趣时，你可以找个合适的时机，温和地说：“不好意思，我突然想起待会儿还有个安排，我们改天再聊，好吗？”

礼貌地结束对话。

思维 99 同事拿你单身开玩笑，你可以笑着说："这不是在等像你这样会说话的人给我介绍对象嘛！"把话题反抛给对方。

思维 100 当同事越界插手工作，你不要直接说"你别多管"，可以说："谢谢你帮我对接了客户，不过下次请先跟我同步一下。"

思维 101 对领导决策存疑时，你不要说"这样不行"，可以说："这是类似案例的数据，您参考下，看是否有可调整之处。"

思维 102 询问工作进度，你不要直接问"做完了吗"，可以说："我想提前跟你对一下时间节点，看看我怎么配合。"暗示关注进度。

思维 103 当亲戚问起你的收入情况时，你可以微笑着回答："收入还算稳定，日常开销都够用。"巧妙地保护个人隐私。

思维 104 当无意间了解到他人的隐私时，以平常心对待。如果对方主动提起，你可以简单回应："每个人都有自己的选择，我理解。"避免过多追问或评价。

思维 105 当发现别人小失误时，你可以私下简单地说："刚才那个地方，是不是可以这样试试？"既指出了改进的方向，又不会让对方感到难堪。

思维 106 排队买票时若有人挤到前面，你可以说："您好，队伍是从后面开始排的。"暗示对方不要插队。

思维 107 邻居在楼道堆放杂物，不要直接指责，可以说："大哥，我看您家门口堆了些纸箱子，正好我要去扔垃圾，要不要帮您一起处理了？楼道宽敞点儿，走路也安全。"

良药可甜，忠言能婉

在沟通中，直截了当的意见虽然真诚，却可能让人难以接受。尖锐的批评就像利刃，容易伤害感情。如果能学会用温和的方式表达，忠言也可以很动听。

点子剧场——邹忌讽齐王纳谏

战国时期，齐国大臣邹忌相貌堂堂。一天，他分别询问妻子、小妾和来访的客人："我和城北的徐公相比，谁更俊美？"三人都说："徐公哪能比得上您啊！"但后来邹忌亲眼见到徐公，才发现自己确实不如对方。

第二天上朝时，邹忌没有直接劝谏齐威王，而是先讲了自己的这段经历："臣明知不如徐公俊美，但妻子偏爱我，小妾惧怕我，客人有求于我，因此都说我更好看。如今齐国方圆千里，宫中嫔妃侍从都偏爱大王，满朝文武都敬畏大王，四方百姓都有求于大王。这样看来，大王受人蒙蔽，恐怕比臣还要深啊！"

齐威王听后恍然大悟，当即下令："能直言进谏的人，受上赏！"从此齐国上下言路畅通，国力日益强盛。

邹忌
您身边都是有求于您的人，您受人蒙蔽太深了！
齐威王
你说得很好，以后能够劝谏我的人，都有赏！

真正的批评艺术不在于言辞犀利，而在于让对方在舒适的氛围中，主动接纳那些有益却不易接受的建议。

现代场景应用

直白的批评常常事与愿违。如果能用温和的方式表达，把建议包裹在体贴的话语中，对方才更容易接受，这样既传达了想法，又维护了彼此的关系。

思维 108 当同事方案有瑕疵，你不要说“这里错了”，可以说：“这个方案的整体思路很棒！如果这部分数据再补充些案例支撑，就更完美了。”

思维 109 当同事推诿工作时，你可以这样说：“这部分工作你最熟悉，还是需要你来把关。”

思维 110 新人工作流程出错，你不要说“步骤全乱了”，你可以指着他做对的部分说：“这环节操作很规范！其他部分按这个标准优化会更高效。”

思维 111 朋友说话太直伤人，你不要说“你嘴真毒”，可以用玩笑化解：“你的观点总是这么犀利！要是再多点甜度，就更完美了。”

思维 112 总是喜欢抱怨的人，往往听不进去别人的意见，因为在他们的认知里，问题总是出在别人身上。和这样的人相处，保持适当的距离可能是更好的选择。

思维 113 想指出长辈过时观念，你不要说“您这想法老套了”，你可以说：“您当年那法子真管用！现在新情况多了，咱试着加点儿新招数？”

思维 114 客户要求不合理，不要说“这做不到”，可以说：“您的想法很有创意！不过以目前的资源/时间来看，方案可能需要做些调整。您觉得我们可以怎样协调比较好？”

思维 115 合作方进度慢，你催问时不要施压“怎么还没好”，可以换成：“你们前期准备很充分！现在推进中有什么难点需要我们一起解决的吗？”

思维 116 朋友总迟到，你可以幽默提醒：“您可是我们的重要人物！下次‘压轴出场’能提前通知一下吗？”

思维 117 朋友总爽约，你别冷言问：“又不去了？”你可以说：“少了你可就少了很多乐趣！下次再爽约的话，可要请大家喝奶茶补偿哦。”

思维 118 家人买东西买贵了，你别埋怨“又当冤大头”，你可以说：“这东西品质确实不错！下次叫上我，说不定能帮你找到更实惠的同款。”

思维 119 家人做菜味道咸了，你别皱眉说“齁死了”，你可以说：“火候掌握得真好！要是盐再少半勺，就完美了！”

思维 120 当你被不熟的人追问隐私，你可以说：“你观察力好敏锐，一下就看出我最近在忙什么，不过我现在还不方便说。”

赞其所重，最能动人心

有时你费力地去夸赞别人，换来的却是敷衍的微笑，甚至自己夸得天花乱坠，对方还是毫无触动。夸在表面是客套，夸到心里才是艺术。精准找到对方内心真正的需求点，才能让一句夸奖的价值翻倍，瞬间拉近彼此的距离。

点子剧场——刮目相看

三国时期，孙权劝告掌管军政的吕蒙要多读书。吕蒙以军务繁忙为由推辞。孙权语重心长地说："我并非要你钻研经典成为学者，只需广泛阅读史书和兵书，汲取前人智慧。你说军务繁忙，难道比我还忙吗？"

这番话点醒了吕蒙，从此他发奋学习。几个月后，鲁肃途经寻阳，与吕蒙讨论军事策略时，惊讶地赞叹："你如今的见识谋略，再也不是当年吴下的阿蒙了！"吕蒙自信地回应："士别三日，当刮目相看啊！"

孙权听闻后，特意召见吕蒙，欣慰地说："子明！没想到你的学问进步如此之大！"

后来吕蒙果然不负众望，成为东吴一代名将。

现代场景应用

空洞的赞美容易被认为是客套话，只有说到对方心坎里的认可，才能让一句夸奖真正打动人心。

思维 121 夸领导的决策，把重点放在"前瞻性"上，你可以说："您半年前布局新市场的眼光，现在看来太关键了！"

思维 122 夸职场新人，别只说"努力"，你可以说："你做报表时反复核对了几遍，这严谨度堪比老员工！"让他们感受到专业能力被认可。

思维 123 对资深同事表达赞赏时，可以这样说："您分享的经验让我受益匪浅，真是帮我们年轻人节省了很多摸索的时间。"这样既肯定了对方的价值，也表达了真诚的感激。

思维 124 同事救场解决突发问题，你可以对他说："你刚才临场改方案的反应速度好快，换我得慌半小时！"肯定对方的"应变能力"。

思维 125 夸长辈时，你可以指着他养的花草说："您把这些植物养得真好，比我在花店见的还精神！"关注他投入心血的细节。

思维 126 夸父母时，强调与时俱进，你可以说："您这么大年纪还学着用短视频记录生活，这份学习热情真让人佩服！"化解对方的衰老焦虑。

思维 127 夸伴侣做饭，你可以笑着说："这个糖醋汁调得比我妈做的还合我胃口，是加了什么独家秘方？"强调对方的"专属用心"。

思维 128 朋友晒新发型，不要只是泛泛地说"好看"，若她平时在意气场，你就说："这发色衬得你眼神好有气场！"

思维 129 夸完美主义者，聚焦在"细节掌控"上，你可以说："这份报告的数据校验，果然只有您零失误。"

思维 130 夸注重形象的人，赞赏对方的品位，你可以说："你今天丝巾和胸针的搭配太巧妙了。"满足对方的审美需求。

思维 131 夸追求独立的人，说对方"有主见"，你可以说："真欣赏你总能坚持自己的判断。"

思维 132 对爱健身的人，不要说"你好瘦"，而要说："你的手臂肌肉线条练得真漂亮，这份坚持真让人佩服！"切中对方"自我管理"的成就感。

思维 133 对喜欢摄影的朋友，可以这样欣赏他的作品："这张把路灯拍出银河效果的照片太有创意了！我刚分享到朋友圈就好多人点赞。"让他感受到作品被喜爱的喜悦。

换位思量，赢取人心之策

良好的人际交往，重在心灵的相通。如果只顾表达自己的观点，沟通就容易变成一个人的独白。真正有效的对话，不在于说了多少，而在于能否被对方理解和接受。只有试着站在他人的角度思考，才能消除隔阂，让交流更加顺畅深入。

点子剧场——孔子马夫讨马

孔子周游列国时，有一次马匹挣脱缰绳，跑去吃了农夫的庄稼。农夫很生气，把马扣了下来。子贡前去理论，他引经据典，说了许多大道理，但农夫根本听不进去。

这时，车夫对孔子说："让我去试试吧。"他先和农夫聊了些家常，然后说："我也是第一次来这个地方。虽然各地风土不同，但庄稼长得都一样好。马毕竟不是人，它哪里分得清这是谁家的庄稼呢？"

农夫听了觉得很有道理，脸色缓和下来说："要是人人都像你这么明白事理就好了，不像刚才那位。"说完，爽快地把马还给了他们。

各地的庄稼都长得这么好，我这马儿实在分不清哪块田是不能吃的，还请您多多包涵。
你说得很清楚，不像之前那个人说话让人听不懂。

真正的“高情商”不在于巧舌如簧，而在于以“理解”为桥梁，让双方产生共鸣，引导对方走向你的目标。站在对方立场沟通，将“以自我为中心”的表达转化为“以对方为中心”的共情，让对方从“被动接受”变为“主动认同”。

现代场景应用

在日常沟通中，生硬输出观点常常达不到效果，如果能设身处地为对方着想，理解他的处境与感受，话语才能真正产生共鸣。掌握换位思考的心眼，你便是对话的引领者。

思维 134 表达观点前先询问：“关于这个问题，您目前的看法是怎样的？”先了解对方的立场，才能更有针对性沟通。

思维 135 在指出改进建议前，可以先表达理解：“我明白您是想加快进度，如果我们在细节处理上稍作调整，是不是能让效果更稳妥？”站在对方立场提建议，更容易让人接受。

思维 136 在提出请求时，先体谅对方的处境会更容易获得配合。比如可以这样说：“知道你最近项目很忙，不知道方不方便抽 10 分钟帮我看看这份资料？”

思维 137 提意见时，不要直接反驳“这个方案不行”，可以先说“这个情况如果换作是我，可能也会想尽快完成。”，再指出问题和意见，这样对方更容易接受。

思维 138 催别人办事时，不要说“你怎么还没弄好”，可以说：“是不是我之前给的资料不够清楚？需要我再补充哪部分信息？”把“指责”转化为“理解”，减少对方的压力。

思维 139 安慰低谷期的朋友，别讲“想开点”，可以说：“如果我经历你这样的事，可能比你崩溃得更严重，你已经很了不起了。”接纳情绪比空泛安慰更暖人心。

思维 140 安慰被误解的朋友，不要说“别难过”，可以说：“换作是我，被误解了肯定更委屈。”让对方感到被理解。

思维 141 当朋友考试不如预期时，可以这样安慰：“这一年看着你早出晚归地努力，真的很不容易。你已经尽力了，要不要先好好休息一下？”

思维 142 当对方愤怒指责时，先接住情绪：“换作是我遇到这种情况，可能比您更生气。”再引导理性：“我们一起看看怎么解决最公平，好不好？”

思维 143 当伴侣倾诉家务繁重时，可以这样回应：“你每天操持这么多家务确实不容易，我们一起重新规划下分工好吗？”

思维 144 面对客户指责“你们产品太差”，你可以回应：“换作是我，遇到这种问题肯定也生气，您愿意花 3 分钟告诉我具体哪里不满意吗？我一定帮您解决。”

思维 145 当组员因分工问题产生争执时，可以这样调解：“看得出你们都很重视这个项目，才会这么认真讨论。现在项目进度紧张，不如我们根据每个人的专长重新调整分工，大家觉得怎么样？”

思维 146 当亲戚沉迷保健品时，你可以说：“我知道您注重健康养生，不过我查了它的资质，可能不太规范。要不我们一起咨询专业营养师，制订更科学健康的养生方案？”

对失意人，莫谈得意事

在生活中，我们或许都曾遇到过这样的情况：兴高采烈地分享开心事，却发现身旁失意的朋友，笑容里带着几分勉强；在他人遭遇挫折时，随口说起自己的得意之事，却加重了对方的低落情绪。真正的善良与智慧，是懂得适时收敛自己的光芒，用心体谅他人的不易。

点子剧场——顾荣施炙

西晋名士顾荣在洛阳时，曾参加了一场宴会。席间，他注意到负责烤肉的仆人脸上流露出对烤肉的渴望神情。顾荣便停下筷子，将自己那份烤肉赠予仆人。同座宾客皆笑他轻率。顾荣认真地说道：“哪有整天拿着烤肉却不知其滋味的人呢？”

后来，永嘉之乱爆发，顾荣渡江南逃，途中屡遇险境，总有一人竭力护卫他。顾荣问其缘由，那人答道：“我便是当年接受您烤肉的仆人。”

“对失意人，莫谈得意事”，藏着体谅他人的处世智慧。懂得收敛自己的光芒，学着站在对方的角度感受情绪，人与人的心意才能在理解中慢慢靠近。

体恤他人，是一种很高的尊重。人在不顺遂的时候，心灵往往格外敏感脆弱。这时候若是说起自己的得意事，不管是有心还是无意，都容易让对方觉得是在炫耀。

有时，沉默是最温暖的陪伴。当别人正处在低谷时，静静地守候、耐心地倾听，让对方感受到被接纳而非评判，这样才能给对方留出消化情绪、慢慢找回信心的空间。

现代场景应用

一句不合时宜的“好消息”，一个无心炫耀的举动，都可能让关系产生难以弥合的裂痕。多留个心眼，懂得在失意者面前收敛锋芒、体察情绪，你不仅能避免无意伤害，更能成为他人黑暗中温暖的微光。

思维 147 旅行回来后，你不必急着向所有人分享见闻。虽然你的本意是分享快乐，但在不同处境的人听来，可能会产生不一样的感受。

思维 148 在与人交流时，适当分享一些自己的小烦恼，让彼此明白：生活中难免有不如意，但我们并不孤单。

思维 149 当伴侣因工作压力大而疲惫时，与其谈论自己工作的轻松，不如用行动表达关心。可以主动分担些家务，泡一杯热茶，说一句：“今天累了吧？先好好休息，别的事情不用担心。”

思维 150 当长辈遭遇财物损失时，不要急于谈论自己的理财经验，首先要多关心他们的情绪，不妨说：“您别太往心里去，钱没了还能再挣，人没事比什么都重要。”

思维 151 亲人经历情感创伤时，避免在自己感情甜蜜时过度“晒”幸福，你可以说：“我随时都在，想聊聊就找我。”用行动代替评价。

思维 152 朋友陷入自我怀疑时，切忌用“你看我多乐观坚强”来对比。你可以真诚地列举他过往的具体成就：“记得你那次处理问题多厉害吗？

我一直很佩服你。”

思维 153 朋友失业焦虑时，不主动提起自己工作多顺利、奖金多丰厚。你可以积极提供有效信息：“我看到有公司在招类似岗位，帮你推推简历？”

思维 154 闺蜜失恋痛苦时，避免分享自己感情中的甜蜜细节，做个好听众，允许她发泄。你可以适时说：“我懂你现在很难过，哭出来就好。”

思维 155 兄弟创业失败时，别高谈阔论自己的事业，你可以说：“这次你投入了这么多心血，真的特别不容易。”

思维 156 朋友家庭发生变故时，避免提及自己家庭的和美团圆。你可以给予陪伴，说：“我不知道该说什么，但我会一直在这里陪你。”

思维 157 当同事负责的项目失利而你的项目却取得成功时，在正式汇报时应避免突出个人表现，多强调团队协作的价值。私下可以这样宽慰对方：“每个项目都有不可控的因素，这次只是运气差了点。下次我们多交流经验，一起努力把项目做好。”

思维 158 同事被领导当众训斥情绪低落时，避免在他面前谈论领导对你多么赏识。你可以说：“领导今天可能情绪不太好，说话重了些。别太往心里去，你的能力大家都有目共睹。”

思维 159 同事因个人原因工作频频出错时，别炫耀自己效率高。你可以私下询问：“最近看你状态不太好，手上的活儿有哪些我能暂时分担一下？”

思维 160 新同事因工作压力濒临崩溃时，别谈论自己如何“游刃有余”。你可以说：“你去楼下透口气吧，这里我先帮你盯着。”帮他争取片刻喘息。

第三章

洞悉人性：制人无形，守己不殆

洞悉其所惧，一击可制衡

在社交场合若想把握主动权，不妨学着去体察对方内心最深的顾虑。顺着这份顾虑稍作引导，往往就能巧妙地打破僵局。当你懂得以对方的顾虑为切入点去沟通，会更容易在交流中找到恰当的方式，也能让对方更愿意主动向你靠近。

点子剧场——范雎劝秦王

战国时期，范雎见太后专权，便向秦昭王进谏道：“臣在山东时，只听闻齐国有田单，却不知齐王；如今在秦国，世人只知太后、穰侯等人，而不知有大王。朝中大臣都依附于这四人，心中哪还有君王的地位？长此以往，大权旁落，政令怎能由大王发出？臣今日尚能看到大王孤立于朝堂，只怕日后执掌秦国大权的，将不再是大王的子孙啊！”

这番谏言让秦昭王深受警醒，他采取行动：废除太后权力，驱逐穰侯，并将高陵君、泾阳君赶出函谷关，尊范雎为“叔父”。

高段位的沟通艺术，在于让对方自然而然地意识到：与你合作才是化解困境的最佳选择。这需要把握两个关键点。

一是善用危机意识，人在面对潜在风险时，会本能地寻求解决方案。二是平衡警示与引导，在分析问题后，提供建设性的解决路径。当对方看到切实可行的方案时，自然会更愿意配合。

现代场景应用

多留个心眼，察言观色，捕捉对方言语行为中泄露的不安与忧虑，你便能预判对方的反应，引导对方的选择。

思维 161 当客户犹豫不决时，可以自然地提及市场动态："最近不少同行都在加紧签约，现在活动名额确实比较紧张了。"让客户对机会时效性有更清晰的认知。

思维 162 如果遇到工作进度较慢的同事，可以这样委婉提醒："上次李总开会时，特意强调了报表的时效性，你负责的这部分内容，他一直挺关注的。"

思维 163 在介绍产品时，可以这样与客户沟通："这套系统目前在行业内很受欢迎，很多像您这样的专业人士都在使用。它确实能帮助提升工作效率，我给您详细介绍一下它的优势？"

思维 164 最近注意到竞品推出了一些新功能，市场反响很不错。我们团队也准备了一个类似的方案，如果能获得预算支持，相信很快就能跟进并做出特色。您看这个方向是否可行?

思维 165 在团队管理中，如果遇到状态不佳的成员，可以这样沟通："最近注意到你可能遇到些困难，工作上没有完全发挥出平时的水准。如果有什么需要支持的可以随时提出来，我们一起想办法。"

思维 166 平时可以这样提醒爸妈注意体检："听说隔壁王叔最近体检发现些

小问题，幸好发现得早，调理一下就没事了。现在医疗条件这么好，定期检查反而更放心，要不这周末我陪你们一起去？”

思维 167 面对“催婚”的压力，你可以对父母表达担忧：“其实我也希望能遇到合适的人，只是担心如果太着急结婚，以后相处不好反而更麻烦，对两家人都是一种伤害。”

思维 168 劝父母减少保健品消费时，别直接否定，可以说：“您现在吃着医院开的药，乱吃东西万一影响药效，回头再住院检查，多遭罪。”

思维 169 如果朋友经常借东西忘记归还，可以找个合适的机会提起，比如闲聊时说：“前几天有个朋友借走我那套茶具不小心打碎了，虽然东西不贵重，但现在借东西都有点顾虑了，就怕影响感情。”

思维 170 下属不敢接高难度任务，你可以说：“这个项目确实很有挑战性，但也是展现你能力的好机会。如果顺利完成，对你积累管理经验和年底晋升都会很有帮助。需要什么支持可以随时告诉我，我们一起想办法。”

思维 171 当同事工作进度较慢影响协作时，可以这样善意提醒：“记得你之前提过想争取优秀员工评选？这次项目进度如果能够按时完成，对你的评优应该会很有帮助。”

思维 172 当朋友经常失约时，可以半开玩笑地说：“大家可都惦记着你呢，都说下次再缺席的话，可得让你请客补偿啦！”

思维 173 遇到习惯性打断他人发言的人时，可以稍作停顿，友善地对在场其他人说：“不如我们先听听他的想法，这样讨论会更充分。”

思维 174 当闺蜜习惯性地和你分享他人隐私时，不妨温和地提醒：“上次听你说的那件事，我发现自己差点不小心说漏嘴。这些私密话题确实容易引起误会，我们要不聊些更轻松的事情？”

甜言蜜语须细辨，过度追捧要留心

有些赞美并非表面看起来那么单纯。那些夸张、刻意为之的恭维，往往暗藏“捧杀”的玄机。它们通常不是真心欣赏，而是通过将你捧上“高位”，来实现自己的目的。识破这种温柔的陷阱，才能不被甜言蜜语蒙蔽判断。

点子剧场——勾践灭吴

越王勾践被吴王夫差大败后，大夫文种献策道：“大王不如暂且示弱，保全兵力，用谦卑的言辞向吴国求和，让吴民高兴，让吴王的野心膨胀。”

勾践决定忍辱负重，暗中谋划复国。他先挑选西施、郑旦等绝色美女送入吴宫，夫差果然沉迷美色，日渐荒废朝政。勾践又命人砍伐巨木，称特献“神木”供吴国修建宫室。夫差大喜，征调民力大兴土木，耗费数年建造姑苏台，致使吴国怨声载道。

最后，勾践怂恿夫差北上，与齐、晋等大国争霸。等吴国精锐尽出、国内空虚之时，勾践率军突袭，一举攻破吴都。夫差走投无路，最终自刎而亡。

勾践铭记大王恩德，愿永世臣服。

真诚的赞美往往言之有物，分寸得当，与实际情况相符；过度的恭维则常常流于空泛，言辞夸张，出现频率异常密集。值得留意的是，这类恭维背后往往暗含某种意图。

现代场景应用

当赞美之词过于夸张时，容易让人高估自己的能力而承担难以胜任的任务，也可能在无形中招致他人的误解。学会分辨真诚的肯定与过度的恭维，能既不失谦和，又保护自己。

思维 175 当收到言过其实的称赞时，可以温和地询问："你觉得这个方案里哪个部分最吸引你呢？"这样来了解对方的真实想法。

思维 176 当对方反复称赞"你最厉害"时，可以轻松地回应："真没你说得那么夸张，我也就是做好分内事而已。我们还是专注于工作吧。"

思维 177 当受到夸奖时，可以这样自然回应："谢谢您的肯定，这离不开团队的共同努力和领导的悉心指导。"

思维 178 当对方极力推举"只有你能搞定"某项艰巨任务时，你需要清醒地评估自身能力，该拒绝时果断说"不"。

思维 179 别人一直催着你做的决定，千万不要着急，多给自己一些时间思考。

思维 180 警惕"捧高你，贬低他人"的话术，比如"他们都比不上你"，这通常是制造你与他人对立的捧杀信号。

思维 181 对脱离实际的赞美，你也可以幽默化解："哈哈，您这说得我都快信了！"

思维 182 当遇到有明显捧杀意图的人时，保持适度距离是明智的选择。可以在公开场合维持基本的礼貌交流，但不必深入发展，以避免不必要的困扰。

思维 183 当别人称赞你是“全能达人”时，你可以主动暴露小缺点：“其实我也有很多不足，比如上次整理数据时就出了点小差错，还在努力学习改进呢。”

思维 184 同事称赞“全公司就你最有格局”时，可以这样回应：“您过奖了，公司里每位同事都有独到的见解和长处，我平时也从大家身上学到很多。团队协作才能发挥最大价值。”

思维 185 当亲戚称赞“就你有出息，以后全靠你了”时，可以这样回应：“谢谢你的肯定！其实家里每个人都很优秀，只是发展的方向不同。”

思维 186 当对方说“全靠你了，没你不行”时，你可以微笑回应：“可别这么说，上次的事情你处理得那么妥当，这次我们一起商量着来，肯定能做得更好。”

思维 187 如果有人夸你：“你人缘真好，谁都喜欢你。”你可以说：“人缘好全靠大家包容，要说会做人，还是你更在行，上次多亏你帮我解决了那个难题呢。”

财不外露，智隐于愚

在职场交往中，我们有时会不经意地分享一些个人信息，比如薪资状况或家庭情况。这些看似平常的交流，却可能在不经意间引发不必要的关注或讨论。保持适度的边界感，既是对自己的保护，也能让职场关系更加纯粹。

点子剧场——曹操官渡焚信

公元 200 年（建安五年），曹操在官渡之战中以少胜多，击败了实力雄厚的袁绍。战后清理战场时，曹军在袁绍遗弃的营帐中发现大量信件，竟是己方官员与袁绍往来的密函。

曹操看着这些足以定罪的文书，却出人意料地没有翻阅，而是平静地下令："全部烧掉，一封不留。"随后对众人解释道："当时袁绍势大，连我都难以自保，何况诸位？"

这一把火，不仅烧掉了可能引发内乱的证据，更展现了曹操作为统帅的胸襟与智慧。

当绍之强，孤犹不能自保，况众人乎？
可以逐一点对姓名，收而杀之。

保护个人隐私，不是将自己完全封闭起来，而是要找到与人相处的合适分寸。这样既能维系正常的人际往来，又能守护自己的安全边界。

现代场景应用

在生活中，多留个心眼，学会“藏”与“露”的平衡，让彼此的关系更加舒适自在。

思维 188 即便是关系再好的人，彼此之间也需要留些私人空间。毕竟，太过熟悉时，难免在无意间带来伤害。

思维 189 不必别人问什么就立刻回应什么，对于一些不合适的问题，偶尔当作没听清或没留意，也是一种温和的应对方式。

思维 190 在人际交往中，适当控制自己的分享欲。毕竟每个人的理解和表达方式不同，同样的故事经过不同人的转述，难免会和事实有些出入。

思维 191 当同事问及薪资时，可以温和地回应：“收入还算够用。”如果对方继续询问，不妨说：“公司有相关规定，我们还是聊聊其他的吧。”

思维 192 当同事询问奖金情况时，可以这样回应：“最近看你们项目进展很顺利，想必收获也不错吧？”转移了话题焦点。

思维 193 如果被问到家境，你可以笑答：“就是普通的工薪家庭，生活挺安稳的。”不透露父母职业、收入或房产细节。

思维 194 不轻易炫耀特殊人脉资源，避免被当作跳板或惹来麻烦。

思维 195 当被问及是否认识某位知名人士时，可以这样回应：“曾经在某个活动上有过一面之缘，不过可能对方已经不记得我了。”

思维 196 在朋友圈分享旅行照片时，可以选择不显示具体位置和消费细节。

若有人问起行程花费，可以简单回应："这次是跟团出游，整体花费挺合理的。"

思维 197 如果你想在朋友圈"晒娃"，务必设置分组可见，仅限真正信得过的亲友。

思维 198 如果被问"谈过几次恋爱"，你可以说："没几次，不过每一段都让我学到了些东西，也慢慢成长了。现在更希望能遇到合适的人，好好相处。"

思维 199 当亲戚问到"攒了多少钱"时，可以这样回应："最近理财确实不太顺利，市场波动挺大的。您有什么经验和建议可以分享吗？"

思维 200 当遇到不想回答的私人问题时，可以轻松地回应："说起来还挺复杂的，不过现在都挺好的。对了，你上次提到的那件事后来怎么样了？"这样既保持了礼貌，又自然地转换了话题。

谦和内敛，避免无谓的纷扰

木秀于林，风必摧之。有时，过度展露锋芒会招致不必要的困扰。真正的处世智慧，不在于时刻彰显自己，而是懂得审时度势，适时收敛。保持低调谦和，既能避免无谓的纷争，也能为自己创造更从容的发展空间。

点子剧场——司马懿装病

三国后期，魏国权臣曹爽势力强大，但对老臣司马懿始终心存戒备。为消除这个潜在威胁，曹爽明升暗降，以尊为太傅的名义剥夺了司马懿的实权。面对如此处境，司马懿称病归隐，闭门谢客。

曹爽心中有疑惑，派心腹李胜前去探视。司马懿让侍婢搀扶着出来相见，指着嘴说渴，婢女喂粥时又故意让粥顺着嘴角流满衣襟。当李胜说要到荆州任职时，他故意错听为“并州”，应答时语无伦次。李胜回禀曹爽：“司马公形销骨立，神志不清，已不足为虑。”曹爽终于不再防备。

然而，就在曹爽兄弟随魏帝曹芳离京祭陵之时，司马懿突然精神抖擞地率领旧部发动政变，以迅雷不及掩耳之势控制洛阳，最终彻底瓦解了曹爽的势力。

适当收敛锋芒往往能带来意想不到的益处。

其一，化解无谓的竞争。有的人会本能地嫉妒强者，适度示弱反而能消除他人戒备，为自己创造更宽松的成长环境。

其二，厚积薄发的准备。在低调中沉淀实力，在静默中积蓄能量，不争一时短长，只为在重要时刻能够从容应对。这需要极大的定力和远见。

这种处世之道并非自我否定，而是以柔克刚的智慧。它让我们避开无意义的消耗，将精力用在真正重要的事情上。

现代场景应用

不妨学着收敛些不必显露的锋芒，这样在纷繁的人际关系里，或许能走得更从容稳当。

思维 201 当新结识的人问及收入情况时，可以这样回应："现在物价上涨得快，工资也就勉强够日常开销。"

思维 202 朋友开口借钱时，你可以无奈地苦笑："刚交完房贷车贷，工资到账就清零了，手头确实比较紧张。"用具体生活细节说明近况，既拒绝又不伤情面。

思维 203 对于某些特殊的资源或信息，平日里不必特意提起。如果被问及，你可以回应："只是偶尔有些接触。"这样能少些不必要的索取或旁人的关注。

思维 204 即使自己家境优越或背景深厚，保持朴素的生活方式都是一种智慧。得体的衣着和谦和的言谈，既能让自己过得舒适，也能避免不必要的关注。

思维 205 长辈说教时，不要反驳，你可以点头说："您说得有道理，我回头琢磨琢磨。"

思维 206 当不太熟悉的人问及工作情况时，可以简单地回应："就是普通上班族，做着一份安稳的工作。”不必涉及个人具体情况。

思维 207 当听到“年轻有为”这样的称赞时，不妨笑着提提自己的小疏漏：“过奖了，其实工作中还有很多需要改进的地方，我前阵子做的项目书还被领导指出不少问题呢。”

思维 208 面对他人刻意的比较时，可以平和地回应：“在这方面你确实做得很好。”让无谓的争执失去空间。

思维 209 当被夸“你真厉害”时，你可以微笑回应：“谢谢！这个领域我确实研究了一段时间，很高兴能和大家分享一些心得。”谦虚接纳认可。

思维 210 展示成就时提及“不足”，比如“这次获奖确实很荣幸，不过在某个环节的处理上，我觉得还有提升空间。”让他人觉得你坦诚不傲慢。

思维 211 分享生活时突出“偶然”和“运气”，比如晒旅行照时说“刚好赶上当地的节日，运气真好，遇到这么美的场景”，让他人感觉你的美好是可遇不可求的，减少嫉妒心理。

思维 212 加入“回忆杀”，比如展示成就时说“看到这个就想起当初熬夜加班的日子，现在想想都是值得的”。

思维 213 分享成绩时用“刚好达预期”带过，比如“这次项目勉强达标，多亏前期调研扎实”，轻描淡写，不显刻意。

笑易见，心难知

有些人表面热情友善，却在背后搬弄是非。与人相处，最需警惕的从不是明刀明枪的对手，而是那些笑脸背后的算计。

点子剧场——李林甫口蜜腹剑

李林甫担任宰相后，对于朝中凡是有才能或者功业在自己之上的人，一定要想方设法除去。他表面上装出友好的样子，却在暗中阴谋陷害。所以世人都称李林甫“口有蜜，腹有剑”。

左相李适之与李林甫政见不合。一日，李林甫笑眯眯地告诉他：“华山有金矿，开采可富国，陛下尚不知呢。”李适之信以为真，立刻奏请开矿。

等唐玄宗征询李林甫意见时，他却故作忧色：“臣早知此事，可华山乃龙脉，动之恐损陛下气运，故不敢言。”玄宗震怒，斥责李适之“思虑不周”，日渐疏远。后来，李林甫又罗织罪名，最终逼李适之服毒自尽。

华山有金矿可开采，
你可向陛下建言。
你说得有道理。

古人云“画虎画皮难画骨，知人知面不知心”，那些表面友好和善、实则暗藏心机的人，往往能用最巧妙的方式迷惑人心，却在关键时刻给予致命一击。

现代场景应用

生活中，我们常常会遇到一些表面友善却暗藏他意的人。若缺乏足够的辨别力，很可能会在不知不觉中受到伤害。保持适度的清醒与觉察，才能更好地保护自己。

思维 214 那些刚认识就事事“为你着想”的人，往往需要时间才能看清真实意图。不妨保持适度距离，让时间来检验这份热情的真伪。

思维 215 警惕过度迎合你的人，若他对所有人都“自来熟”，可能只是在物色可利用的对象。

思维 216 如果一个人常常在背后议论他人，这种习惯往往很难改变。不如保持适当的距离，因为你也很有可能成为下一个被议论的对象。

思维 217 对于那些满口“包在我身上”“没问题”却鲜少付出行动的人，他们的热情往往只停留在言语上，不要寄予过多期望。

思维 218 当对方以“为你好”为由干涉你的决定，尤其与你的意愿相悖时，你要冷静分辨对方是真关心还是另有目的。

思维 219 有些人习惯向他人倾诉自己的困境。虽然倾听是种善意，但需要注意界限，避免让单纯的关心变成情感负担。

思维 220 有些朋友虽然平时联系热情，但在你真正需要帮助时却借口推托。这样的情谊，往往经不起现实的考验。

思维 221 用别人的秘密跟你套近乎，轻易将他人秘密告诉你的人，同样可能会将你的秘密告诉下一个人，你需要注意保护自己的隐私。

思维 222 如果一个人似乎从不得罪任何人，有时可能只是在心里细细掂量着各种情况，未必能始终如一。

思维 223 生活中，有些人会主动帮你一些小忙，却总把这些小事挂在嘴边。这样的行为，往往容易让简单的帮助变得不纯粹。

思维 224 当有人替你打抱不平时，需要保持清醒的判断。那些过度指责他人的言论，有时反而会让事情变得更复杂。与其被情绪左右，不如冷静看待问题的本质。

思维 225 留意那些没来由就主动帮你处理麻烦的人，他们或许会不经意间漏掉些关键信息，等你真遇到问题了，再故作惋惜地说“我早该提醒你”。

思维 226 有的人做事喜欢把“为团队好”挂嘴边，背地却悄悄把功劳揽到自己身上，是典型的利己主义者。

思维 227 有的人承诺保守秘密，却很快将事情告诉他人，解释说“是为你好”。这种言行不一的表现，往往会让信任变得脆弱。与其事后解释，不如从一开始就谨守承诺。

第四章

谨言慎行：不惹是非，不结仇怨

言多难免失当，慎言方能远祸

你是否有过这样的经历：在情绪高涨时畅所欲言，事后却为某些话感到懊悔？出言需三思，慎语可免忧。真正的沟通智慧，不在于能言善辩，而在于懂得在什么时候说什么样的话。

点子剧场——祢衡之死

东汉末年，有位才华横溢却狂傲不羁的名士祢衡。他先投在曹操门下，却因屡次出言不逊让曹操难堪。曹操想杀他又顾忌名声，便将他遣送给荆州刘表。

在刘表处，祢衡依然我行我素，表面颂扬刘表，却暗含讥讽，很快让刘表十分不高兴。刘表也不愿意背负杀害名士的骂名，就把他转送给了性情急躁的江夏太守黄祖。

起初，黄祖十分赏识祢衡的才学，但祢衡恃才放旷的毛病又犯了。在一次宴席上，祢衡竟公然讥讽黄祖："你这老朽，有何资格训我？"黄祖本就脾气火暴，受此侮辱，当即下令将祢衡处死。

做人当如竹，虚心而有节。既要保持自己的才华与个性，也要学会在适当的时候收敛锋芒。

第一，恃才傲物终会招祸，才华是天赋，但谦逊是选择。第二，言语是把双刃剑，既能展现智慧，也能伤人伤己。第三，在什么样的场合说什么样的话，见什么样的人行什么样的事，这才是真正的处世智慧。

现代场景应用

“戒多言”不是压抑自我，而是用“沉默的智慧”维护人际关系。多留个心眼，掌握“少说多做”的节奏，方能进退有度。

思维 228 当意见相左时，不妨先静默片刻，再温和地回应：“我明白你的想法，不过……”用这样的表达维系良好的沟通氛围。

思维 229 在会议中想要表达观点时，不妨稍作停顿，给自己留出片刻思考的时间。这样既能避免仓促发言，又能让表达更加从容有度。

思维 230 生活中难免会遇到一些想法不同的人。与其陷入无休止的争论，不如保持开放的心态，试着理解对方的立场。有时候，适当的包容比执着于对错更能化解分歧。

思维 231 建立良好的关系需要时间和耐心。与其一开始就和盘托出，不如让了解的过程自然发展。适度的保留不是缺乏真诚，而是给彼此留出相互了解的空间。

思维 232 幽默需要把握分寸。除非确信对方能够接受，或者场合特别轻松，否则最好避免针对个人特点或敏感话题开玩笑，避免造成误解，甚至伤害他人。

思维 233 当对方愿意分享时，不妨做个耐心的倾听者。适时的点头和微笑能让对方感受到被理解，而专注的倾听往往比过多的言语更能拉近彼此的距离。

思维 234 同事闲谈时，可以自然地回应："最近项目比较忙，这些事我还真没太关注。"说完继续专注手头的工作，这样既不失礼貌，又能温和地退出讨论。

思维 235 在沟通交流时，可以试着这样回应："你是说……？"或者"我这样理解对吗……？"通过复述对方的关键内容，确认理解是否准确，避免因误会导致失言或错误行动。

思维 236 不想评论或不确定时，可以提出相关问题："你怎么看？""后来怎么样了？"

思维 237 对于明显的引战言论，你微笑点头或简单"嗯"一声即可，不必发表意见或追问细节。沉默有时是最好的回应。

思维 238 需要表态但不想明确站队时，你可以用"可能吧""要看具体情况""我再想想 / 了解一下"等模糊词汇，给自己留出思考空间。

思维 239 激动时易失言。你可以刻意压低声音，放慢说话速度，给自己思考的时间，减少冲动发言的可能性。

思维 240 即便是亲友相聚的轻松场合，保持适度分寸也很重要。特别是在饮酒或情绪激动时，更需要注意言辞。毕竟，私下的谈话有时也会在不经意间传播出去。

思维 241 对道听途说或仅知皮毛的人与事，避免轻易下结论或贴标签。

多赞人长，少论人短

我们有时会在不经意间谈论他人，却没想到这些话被误解、传播，造成不必要的困扰。言语就像一面镜子，折射出的内容终会影响我们自身。与其议论他人不足，不如多关注对方优点，这样既能维系良好关系，也能赢得他人的信任与尊重。

点子剧场——颜回劝武叔

叔孙武叔还没做官的时候，有一次去拜访颜回。聊天时，武叔总喜欢批评别人的不是。颜回就好心劝他："今天我把您当客人招待，但看您老是说别人缺点。这样做其实不太好，我跟您说个道理吧。我听孔子老师说过：'老说别人不好，不会让自己变得更好；总挑别人毛病，也不能证明自己就对。'真正有修养的人，都是严格要求自己，而不是挑剔别人。"

后来颜回又跟子贡说："我记得老师说过：'自己不讲礼节却要求别人尊重你，自己不行仁义却指望别人对你好，这没道理啊。'老师的这些话，真的值得我们好好想想。"

相处之道，贵在真诚相待。那些懂得维护他人的人，自然会赢得信任与尊重，让彼此的关系更加温暖融洽。

现代场景应用

背后议论看似只是随意的闲谈，实则容易损害彼此间的信任。与其陷入这样的习惯，不如多发现他人的优点，将批评的念头转化为真诚的赞美。

思维 242 听到同事抱怨他人时，微笑道："他上次处理问题反应挺快的。"巧妙地把讨论焦点转移到赞扬优点上。

思维 243 当被问及他人不足时，可以客观地描述："他做事很认真，有时候会比较注重细节。"避免对他人做出主观评价。

思维 244 当新同事工作出现失误时，与其议论他的不足，不如这样表达："他正在积极处理问题，这种态度很值得肯定。"

思维 245 同学聚会上，如果有人开玩笑说某某发展得不太理想，你可以自然地接过话茬："说起来，当年他可帮过我不少忙，一直是个很友善的人。"

思维 246 当听到邻居夫妻吵架时，若有人问起，可以这样回应："夫妻间有些小摩擦很正常，相信他们很快就能和好。”

思维 247 当发现朋友的伴侣有些不足时，与其和共同好友议论，不如这样说：“感情是他们两个人的事，只要他们相处愉快就好。”尊重朋友的隐私。

思维 248 家人抱怨某位亲戚抠门儿，你可以打圆场：“他只是节省惯了，上次还惦记着给你带礼物呢。”

思维 249 看到有人在朋友圈暗讽他人，不点赞、不评论，若须回应，就说：“各有各的生活，开心就好。”

思维 250 当同事问起“某某的工作能力如何”时，可以这样回应：“他做事效率不错，上周还主动帮我调整了文件格式。”这样的回答既客观实在，又体现了同事间的相互认可。

思维 251 如果有人提起“听说某某离婚了”，可以自然地接过话题：“她一直是个很坚强的人，相信她能处理好自己的生活。”既转移话题，又表达了对当事人的善意。

思维 252 当别人的行为让你感到不快时，不妨先这样想：“也许他最近遇到了什么难处。”这样的换位思考，能帮助我们理解他人。

思维 253 当听到关于他人的传闻或未经证实的消息时，特别是涉及个人隐私或品行的话题，最好的做法是不要继续传播。简单地回应“这件事我不太了解”就够了。

思维 254 当想要脱口而出批评他人时，不妨先停一停，换个角度想想：如果我被这样评价，我会有怎样的感受？

体谅他人伤痛，是善良之本

有时候，我们不经意间提起的往事，可能会触动他人内心的伤痛；随意谈论的话题，也可能让气氛突然变得沉默。懂得体察他人的感受，避开那些敏感的心事，这不仅是人际交往的修养，更是发自内心的善良。

点子剧场——管仲与鲍叔牙

春秋时期，管仲与鲍叔牙合伙经商。每次分利时，管仲总因家境贫寒多拿一份。同行者私下议论他贪财，鲍叔牙却为他辩解："管仲并非贪心，只是家中有老母需要奉养。"

后来两人从军，每逢战场冲锋，管仲常躲在后方，撤退时却跑在前面。士兵们嘲笑他怯懦，鲍叔牙又替他解释："他并非胆小怕死，只是担心家中老母亲无人照料。"

管仲曾三次出仕，却都被君主罢免。世人皆认为他才能不足，鲍叔牙再次为他说话："不是他能力不够，而是未遇到赏识他的明主，时机未到而已。"管仲感慨："生我者父母，知我者鲍子也。"

真正的友谊，是经得起时间检验的理解与信任。看人要看根本，待人要待真心。不要轻易用世俗的标准评判他人，因为每个人的选择背后，都可能有不为人知的苦衷。这种设身处地的体谅，这种不求回报的理解，是人际交往中难得的品质。

现代场景应用

无论关系亲疏，不揭人短，不触人痛，是深植于心的尊重。多留些心眼，学会避开他人的伤疤，让言语间存有温度与分寸，不仅是保护对方，更是守护自己的善意。

思维 255 当朋友无意间提到某个话题时神色闪躲、支支吾吾，你此时切勿追问“怎么了”，可以将话题自然转向其他轻松的内容。

思维 256 朋友失意时，别说“你以前不是挺厉害的吗”，可以说：“现在的困难只是暂时的，我陪你。”

思维 257 刚刚认识的人，如果回避谈及家庭的话题，别追问“你爸妈是做什么的”，你可以跟对方聊聊兴趣爱好。

思维 258 如果同事刚离婚，聚会时避开“夫妻相处”等话题，你可以自然提及平时的工作或日常。

思维 259 得知他人经历了重大挫折，比如失业、分手等，避免说“我早说过”或“你应该如何”，此时，做一个安静的倾听者远胜于说教。

思维 260 当他人向你倾诉悲伤的过往时，最温暖的回应不是追问细节，而是轻声说一句：“谢谢你愿意和我分享这些，我知道这需要很大的勇气。”

思维 261 朋友减肥失败，别调侃“你又胖了”，你可以说：“健康最重要，咱们一起运动吧。”

思维 262 得知同事被裁员，别说“你是不是能力不行”，你可以说：“需要帮忙随时找我。”

思维 263 家人有难言之隐时，别强迫对方“必须告诉我”，你可以留张纸条说：“等你准备好了，我随时都在。”

思维 264 当长辈提及逝者，不需要追问“当时是怎么回事”，你可以说：“您一定很想念他吧。”

思维 265 当朋友考试失利时，最好不要说“你平时挺努力的呀”，可以说：“周末去爬个山放松一下吧，还会有新机会。”

思维 266 不要拿他人的身体特征开玩笑，风趣不需要建立在别人的痛苦之上。

思维 267 别问“你为什么离婚 / 辞职”，可以用开放性问题代替，比如：“那段时间对你来说很不容易吧？”或“之后有什么新计划吗？”避免让对方再添伤痛。

思维 268 当他人主动分享自己的挫折经历时，即便是在公开场合，未经当事人同意，我们也最好不要向其他人转述。尊重他人的隐私和感受，是基本的尊重。

他人秘辛地，不探亦不询

或许你会觉得，对一个人了解得越多，彼此的关系就该越亲近，可有时事情的走向却并非如此。人们常说距离产生美，其实，不随意探问、不刻意窥探，给彼此留一些余地，相处起来才会更自在，关系也才能走得更长远。

点子剧场——宋濂答群臣臧否

明太祖朱元璋性格多疑，常私下派人监视大臣。一次早朝后，他突然问大学士宋濂："昨天喝酒了吗？客人是谁？吃了什么？"宋濂如实回答。朱元璋满意地点头说："你没骗朕。"

几天后，朱元璋又问宋濂："朝中大臣，哪些人好，哪些不好？"宋濂回答："品行好的大臣，因为和我有交往，所以我知道他们；至于那些品行不好的大臣，我没有和他们来往，所以不知道他们的情况。"宋濂不仅与善者交友，更与其他人划清界限：对于不交往之人，他不打听，也不妄加评论。

朝中大臣，哪些是好的，哪些是不好的？
臣只知道交往过的品行好的人，不知道哪些是不好的。

真正的亲密关系，不在于以“关心”之名满足好奇，也不该借“亲近”为由打探隐私。亲密的核心是尊重——既要尊重彼此合理的边界，也要以诚实守护这份尊重。当沉默变成谎言的庇护所时，亲密便失去了根基。

现代场景应用

留个心眼，当你懂得“不该问的不问，不该看的不看”，别人跟你相处起来才会更舒心、更安心。

思维 269 看到他人手机消息弹出，自然移开视线，是最基本的社交礼仪。

思维 270 领导私下约谈同事后，不向旁人打听“聊了什么”。

思维 271 对不熟的人，避免直接问“结婚了吗”“买房了吗”“升职了吗”等。可聊兴趣、近期活动等普遍性话题。

思维 272 撞见同事在角落打电话，绕路走开不偷听，给人留足私人空间。

思维 273 如果你偶遇熟人从医院出来，除非对方主动提及，否则不要追问“怎么了”。

思维 274 有人欲言又止时，别说“别瞒着我”，你可以问“有什么我能帮忙的吗”，把主动权交给对方。

思维 275 同事请假归来，别打探“是不是家里出事了”，可以说“你不在时我们赶上了进度”，减轻对方的压力。

思维 276 发现同事的抽屉 / 柜门没有锁，主动提醒而非借机翻看，更不要触碰对方没有明确共享的物品。

思维 277 别人输入密码时，自觉后退一步或侧身遮挡自己的视线，给对方营造安全空间。

思维 278 别人向你展示手机相册里的照片时，不要左右滑动，只看对方给你展示的这一张，避免看到对方不想让你看的照片。

思维 279 借用别人的电子设备后，关闭所有标签页及文档，不查看浏览历史或文件记录。

思维 280 跟朋友闲聊时，发现对方在转移话题，你可以立刻接着新话题聊下去，而不是执着地把旧话题“挖到底”。

思维 281 当你发现朋友情绪低落，但没有主动向你说明原因，甚至表现出抗拒，这时，不要追问“发生了什么”，安静的陪伴即可。

待不善之人，敬而远之

人生难免会因一时意气与人发生争执，但如果对方惯于搬弄是非，与他正面对抗往往得不偿失。这时，可以选择保持恰到好处的距离——既不过近招惹是非，也不过远激起怨恨。

点子剧场——郭子仪待卢杞

唐朝名将郭子仪功勋卓著，晚年时深谙明哲保身之道。权臣卢杞相貌丑陋、心胸狭隘且睚眦必报，朝野皆知。

郭子仪病重时，百官前来探病，他从不屏退侍女。唯独卢杞到访时，他立即遣散所有侍从，独自整衣正冠，恭敬接待。家人询问原因，郭子仪说："卢杞外貌丑陋而内心阴险，侍女见到他难免讥笑。若他日后掌权，我郭家必遭灭门之祸！"

你们都退下吧。

真正的危险往往不在于正面的敌人，而在于那些潜藏的、可能因无心之失而结下的仇怨。在复杂的人际关系中，有时保持低调、避免无谓的冲突，才是真正的智慧。这种智慧不是圆滑世故，而是对现实的清醒认知和对自身安全的合理保障。

现代场景应用

高明的胜利，是让麻烦找不到靠近你的门路。

思维 282 不要随便得罪别人，能和和气气最好，保持表面的和平，也是在减少隐形敌人。

思维 283 与小人交流时，多微笑少争论，用“你说得对”“有道理”等回应，避免触发对方敏感的神经，保持表面和谐。

思维 284 对于喜欢议论他人的同事，见面时微笑打招呼就好，能聊工作就别聊私事，避免成为他闲谈的话题。

思维 285 面对品行不端的人，自己的私事、工作里的细节、心里的计划，还是少主动提及为好。很多时候，简单的回应“还好”“正忙着呢”就够了。

思维 286 小人主动示好或送礼，礼貌感谢但找借口婉拒：“心意领了，东西真不能收，公司/家里有规定。”

思维 287 尤其避免在小人面前评价他人，因为你的话可能会被添油加醋传播。

思维 288 被小人当众刁难或讽刺，不接话、不反驳，可以微笑着说：“嗯，你这么说也有点意思。”然后自然转移话题。

思维 289 避免与小人单独相处或合作，若无法推托，务必保留所有书面沟通记录，做到事事有痕可查。

思维290 若是平时往来不多的人，忽然表现得格外热络，或许背后藏着一些其他原因。不必顺着话头往下说，保持平和的心态，礼貌地道谢即可。

思维291 当品行不端的同事试图套出你对领导的看法时，可以回答：“领导安排工作，我执行好就行，其他的没多想。”保持中立立场。

思维292 小人炫耀时，不嫉妒、不拆穿，你只需简单地夸一句“你真厉害”，然后继续转身忙自己的事。

思维293 当小人向你打探他人隐私时，你可以笑一笑说：“我也不太清楚。”

思维294 不站队，不卷入小团体斗争，尤其当小人拉拢你反对他人时。专注本职工作，做好自己分内事最重要。

思维295 在小人容易注意到的地方，比如朋友圈的动态里，或是办公室的闲聊中，不妨对自己的喜事、成绩和长处低调处理。

量力而行，是为智也

人生在世，贵在自知。如果因为一时的意气，接下远超自己能力的任务，到头来或许会陷入为难的境地。与其强撑到底，不如坦然承认自己的局限，这何尝不是一种通达的智慧？

点子剧场——马谡失街亭

《三国演义》中讲述了马谡失街亭的故事：公元 228 年，诸葛亮北伐曹魏，命马谡驻守军事要地街亭。马谡自幼熟读兵书，常与诸葛亮纵论谋略，却缺乏实战经验。马谡出发前，诸葛亮再三叮嘱他："街亭虽小，关系全局，须在五路总口扎营。"副将王平也劝说道："若屯兵山上，魏军断我水源，必败无疑。"

但马谡固执己见，自恃"居高临下，势如破竹"，坚持将大军部署在山上。魏军主帅张郃抵达后，迅速包围山头，断其水源。蜀兵饥渴难忍，不战自乱，街亭失守。

败报传来，诸葛亮跌坐长叹："大势去矣！"为严明军法，纵使千般不忍，他依旧含泪下令处决马谡。

承认自己的不足不是怯懦，而是走向成熟的开始。量力而行不是退缩，而是为了更好地前进。

我们常常被“挑战自我”的口号所激励，却忽略了“量力而行”的道理。职场中，盲目接下超出能力范围的项目；生活中，硬撑承担力所不及的责任，都可能适得其反。

懂得在合适的范围内发力，既不低估自己的潜能，也不高估自己的边界，才能让每一步都踩得扎实。

现代场景应用

学会在适当的时候说“不”，不仅能减少不必要的压力，也能让自己活得轻松自在。

思维 296 接到任务时先评估，超能力范围及时沟通，说明现状与可能风险，不硬扛。

思维 297 想拒绝时，可以说“这方面我不太擅长，怕做不好耽误你”，明确自身局限，既诚恳又避免后续麻烦，让对方也能理解你的真实状况。

思维 298 遇到需要立即答复的情况，可以说“我需要些时间考虑，稍后回复你”。这样既能给自己留出思考的空间，避免仓促承诺。

思维 299 真诚说明是能力或者资源限制，而导致你做不到，并非态度问题，避免对方误会。

思维 300 在接到工作任务时，如果需求不够明确，建议先耐心询问具体细节，确保理解正确后再着手处理，避免因理解偏差而返工。

思维 301 在团队协作中，可以主动表达自己的专长领域：“这个环节我比较熟悉，可以来负责这部分，其他的交给更擅长的同事就好。”既能发挥所长，也自然避开了力不从心的任务。

思维 302 遇到请求别急着说“能”，你可微笑回应：“我需要确认下日程，晚点回复你。”留出思考余地，避免冲动承诺。

思维 303 当朋友借钱超出你的承受范围，可以回复说：“最近我的开支也比较紧张，可能帮不上这个忙。”

思维 304 亲戚请你帮忙介绍工作时，如果确实超出你的能力范围，可以这样回应：“我这边了解的职位信息可能有限，建议您也多关注其他职位信息，这样机会可能会更多些。”

思维 305 委婉拒绝时可以强调自己精力不济，比如：“最近事情多，身体有点儿疲惫，状态不太好，怕做不好耽误你的事。”

思维 306 面对不是很迫切的请求，你可以说：“这次实在不凑巧，以后有机会一定帮你！”给对方面子，但不承诺具体时间。

思维 307 当他人希望你接手超出能力范围的工作时，不妨轻松回应：“这方面确实不是我的专长，担心做不好反而影响进度，或许其他同事更适合这个任务？”

思维 308 用“感谢＋转折”来拒绝：“谢谢你想到我！不过这事我实在不擅长，我给你推荐一个人吧，你问问他。”

谨守界限不干预，他人私事莫妄为

我们常常出于善意想要帮助他人，但有时过度的热心反而会适得其反。比如，当你好心调解同事的家庭矛盾时，可能会发现双方都不领情；当你主动提供帮助时，对方未必会如预期般感激。这些情况提醒我们，保持适当的距离和界限很重要，有时候，不过度介入他人的事务，反而是更明智的选择。

点子剧场——丙吉问牛

西汉时，丙吉担任丞相。一次外出时，路上遇到百姓斗殴，死伤的人横七竖八躺在路边，他经过时并未停下过问，随行的官员心里都有些不解。

继续往前走，又看见有人赶着牛，那牛累得气喘吁吁，舌头都伸了出来。丙吉立刻让车停下，派人上前询问:“这牛赶了多少里路了？”随从这下更困惑了，忍不住问:“刚才人命关天的事您不过问，怎么反倒关心起牛喘气来了？”

丙吉解释说:“百姓斗殴，本是长安令、京兆尹的职责范围，我身为丞相，只需在年终考核他们的政绩，再论赏罚即可。宰相不必亲自处理这些琐事，更不该越权去干预地方事务。但如今是春季，按说不该这么热，这牛没走多远就喘成这样，恐怕是节气失调、阴阳不调所致。调和阴阳是丞相的职责，这事关系到农事，关乎国家根本，自然要仔细询问。”

百姓斗殴杀伤，
那是长安令、京
兆尹的职责。
为什么您人命关天
的事不问，却关心
一头牛喘气？

做人做事要懂得分清主次、把握分寸。现实生活中，我们常常陷入两种误区：要么事无巨细大包大揽，最终疲于奔命；要么该管的事推诿逃避，导致问题恶化。

建立清晰的边界意识，当你维护他人的边界时，你自己的边界也能得到保障。工作中要专注本职，不越权干预；生活中要把握分寸，不过度介入他人事务。这种恰到好处的分寸感，既能提高效率，又能避免无谓的消耗。

现代场景应用

守住职责的边界，既不缺位也不越位，才能在纷繁事务中抓住要害，把力气用在真正该用的地方。

思维 309 只要不涉及原则问题，他人的言行不必过分较真，学会尊重差异也是一种修养。

思维 310 即便是再亲密的朋友，若察觉到自己的言行或许让对方有些不自在，不妨悄悄往后退一步。这份退让并非疏远，而是给彼此留适当的个人空间。

思维 311 朋友向你倾诉烦心事时，不妨做个安静的倾听者，你可以用“听起来这件事让你很困扰”这样的共情话语来表达理解，而不必急着评判是非对错。

思维 312 当别人倾诉私事和困扰时，你要忍住说“你应该……”的冲动，可以回应“这确实不容易”。

思维 313 邻居家传出争吵声，除非涉及安全，那么千万别敲门“劝架”，避免尴尬和误解。

思维 314 在子女教育这个话题上，除非对方明确征求建议，否则最好不要主动提供具体的教育方法。每个家庭的教育方式各有特点，过于直接的指点很容易让对方产生误解。

思维 315 当遇到夫妻朋友吵架时，可以温和地建议“两个人单独好好沟通”，但不宜过度介入他们之间的具体矛盾。

思维 316 当亲友面临重大抉择时，可以这样说：“我有些想法供你参考，但最终决定权在你。”如果发现明显问题，可以用“我注意到有个细节可能需要再考虑……”的方式善意提醒。

思维 317 在家人间的经济往来中，可以善意地提醒“钱财往来还是清楚些好”，但不必过多介入具体的账目纠纷。

思维 318 当遇到朋友夫妻争执时，避免在中间传话，可以说：“这件事还是你们当面沟通会更清楚。”这样既尊重了他们的隐私，也有利于问题的化解。

思维 319 如果对方有事情告诉你，却说“别告诉我老公 / 老婆”，你可以立刻回“那别告诉我”，避免成为别人情感中的那个“坏人”。

思维 320 当同事因工作失误受到批评时，除非对方主动寻求建议，否则保持适度沉默往往更为妥当。不经邀请“指点”对方，即便出于善意，也可能被误解为居高临下的评价。

思维 321 当有人请你帮忙打听他人私事时，可以委婉地回应：“这件事或许直接询问当事人会更妥当？”既表明了态度，又不会让对方难堪。

思维 322 当同事因工作上有分歧找你评理时，可以委婉地表示：“这件事的具体情况我不太了解，可能还是需要你们直接沟通。”

第五章

情感韬略：小惠结缘，厚利相报

小善坚持做，会有大收获

人与人之间的情谊，往往在细微处见真章。不必刻意追求隆重的往来，一次及时的援手，一句真诚的问候，都可能在不经意间种下善意的种子。

点子剧场——秦穆公亡马赐酒

秦穆公曾有一匹心爱的骏马走丢了，后来得知被岐山南麓的乡民宰杀吃掉了。面对跪地请罪的乡民，秦穆公不仅没有怪罪，反而关切地说："我听说，吃骏马的肉而不饮酒，会伤身体。"随即命人取来美酒给他们喝。

多年后，在秦晋韩原之战中，秦穆公被敌人包围。当年那些受恩的乡民自发组织起来，奋勇杀入敌阵，最终救出秦穆公，扭转了战局。

不要轻视每一个行善的机会，今日的小善，或许就是明日的福报。同事遇到困难时主动搭把手，邻居需要帮助时伸出援手，甚至是对陌生人的一个善意举动，都可能在未来带来意想不到的回报。这不是功利地期待回报，而是相信善良终会遇见善良。

现代场景应用

不必急着计算每份善意的得失，日常里那些不图回报的体谅，看似微小，却有可能在最关键的时刻，改变局面。

思维 323 出差或旅行回来，带些当地特色工艺品或小零食分给同事或者邻居，不贵重但显心意。

思维 324 当同事加班时，贴心地带上一杯热饮，让对方感受到关心和支持，让团队合作更加融洽。

思维 325 对于同事随口提的小困难，比如找资料、修电脑等，你可以默默地帮忙解决，事后自然而然地说句"顺手的事儿"。

思维 326 如果你需要经常收发快递，可以时不时给上门的快递小哥一瓶饮料，感谢一下对方的辛苦。熟络之后，收寄快递也会更省心。

思维 327 搬家时，给师傅递上几瓶水解渴，是种很贴心的举动，彼此的心情也会更加舒畅。

思维 328 当看到朋友在社交平台透露生病或遇到困难时，发条私信表达关心会让人倍感温暖。

思维 329 在跟客户吃饭时，记住客户随口提的忌口，下次聚餐时可以主动调整菜单。细节里的关怀最显用心。

思维 330 平时见到公司或小区的保安，不妨多打个招呼，偶尔聊上几句。天气炎热时带瓶水，人与人之间的善意往来，本就不需要特别的理由。

思维 331 当你借用别人物品归还时，可以附带一点小补偿，比如借书就夹张书签，借车就加满油等。

思维 332 请教别人问题后，无论是否解决，都可以请杯奶茶，说："耽误您时间了，谢谢您！"

思维 333 得知客户嗓子不适，可以拿出自己常备的润喉糖，说："看你嗓子不舒服，我这里正好有润喉糖。"

思维 334 在会议讨论时，若是发现新同事的发言被忽略，可以在总结时自然地提及："刚才 ×× 同事提出的观点很有启发性。"既能让新人感受到被重视，也能营造更包容的团队氛围。

思维 335 当你发现了好用的办公软件技巧、某个流程的优化方法等，可以分享给可能需要的同事，建立良好的同事关系。

顺水推舟，巧送人情

有时你的帮助显得非常刻意，甚至让对方倍感压力，可能是因为你没有用对方法。“顺水推舟”的社交智慧，正是让人情往来如流水般自然——不强行施恩，不刻意索取，借势而为才能让善意真正抵达人心。

点子剧场——王熙凤接济刘姥姥

刘姥姥初次来到荣国府，诚惶诚恐地求见王熙凤。看着这位乡下老太太局促不安的样子，王熙凤端着茶盏，耐心听完她的请求，笑着说：“亲戚之间本该互相照应，你大老远来这一趟不容易，我怎能让你空手而归呢？”

说着，她让平儿取来二十两银子和一吊钱，解释道：“正好太太昨天给了这些银子，你先拿去应应急。”刘姥姥捧着银子，感激不尽。这笔钱对贾府来说微不足道，却让刘姥姥记住了恩情。后来贾府落难时，正是这位受过恩惠的乡下老太太，冒险救出了王熙凤的女儿巧姐。

“顺水人情”的智慧在于：既帮助了他人，又不会让自己为难；既积累了善缘，又不显得刻意为之。

生活中，我们常常会遇到类似的情况：同事急需资料时顺手分享一份文件，邻居搬家时搭把手，朋友遇到困难时给句暖心的话。这些举手之劳的善意，不需要我们额外付出太多，却能打动人心。

现代场景应用

“送人情”不是单方面付出，留个心眼，让善意成为连接彼此的“顺水舟”，让人情送得既便利了对方，也成就了自己。

思维 336 分享家乡风味时，可以自然地说：“特意多带了些，一起尝尝家乡的味道。”这样的表达既亲切又不会让对方感到负担。

思维 337 当察觉到部门可能有变动时，可以私下提醒同事：“最近听到些消息，或许可以提前做些准备。”既表达了关心，又不会造成不必要的紧张。

思维 338 在帮同事解围后，可以自然地说：“上次我遇到急事你也帮过我，同事之间本该互相照应。”

思维 339 在办公室处理自己的事务时，同事如果有举手之劳的事，可以自然地帮忙，比如：“我也要去打印，顺便帮你把资料一起带过来了，已经放在你桌上了。”

思维 340 领导开会前找资料，你可以递上资料，轻声说：“您之前提过的案例，我标在这里了，您可以参考一下。”

思维 341 在客户面前夸赞合作方，事后再顺水推舟，把原话复述给合作方，增强双方好感。

思维 342 帮人后，对方表示感谢，你可以微笑回应：“小事，别放心上。”

思维 343 当朋友遇到困难需要帮助时，可以自然地说：“最近是不是遇到些困难？我刚好认识几个做这方面的朋友，需要的话我可以帮忙问问看。”

思维 344 提供专业帮助后，你可以说：“正好最近在研究这个，也当实践了。”

思维 345 听到对方需要某信息，比如租房信息时，若你恰好了解或有人脉，可以主动说：“我上次租房的中介挺靠谱，要不给你介绍一下？”

思维 346 得知朋友需要某领域人脉，如果你恰好认识相关人士，可以主动牵线搭桥。

思维 347 对方想学新技能或者新知识，你恰好有相关课程或资料，可以分享并简单指导基础操作。

思维 348 当领导表扬你的工作表现时，可以自然地说：“这次能顺利完成，也要感谢 ×× 同事的支持和帮助。”这样的表达既体现了团队意识，也让同事的付出得到了认可。

雪中送炭，解人急难

你忙前忙后地付出热情，对方却没什么回应，或许是这份心意没能恰好落在对方需要的地方。倒不如先看看对方真正缺什么，就像寒冬里送炭火，可贵的从不是炭火有多贵重，而是恰好送到了受寒的人面前。

点子剧场——漂母饭信

韩信年轻时常常连饭都吃不上，只能去河边钓鱼充饥，但总是空手而归，饿得头昏眼花。

河边有一位靠漂洗丝绵为生的老妇人，她注意到这个落魄的年轻人总是挨饿，动了恻隐之心。于是，在接下来的几十天里，她都把自己带的饭分出一份给韩信吃。

韩信非常感激，对老妇人说："我将来富贵了，一定重重报答您老人家！"老妇人听了却有些生气，说："你一个大男人，连自己都养活不了！我是看你可怜才给你饭吃，难道是图你日后的报答吗？"

多年以后，韩信成为大将军，他立刻派人找到了当年那位老妇人，郑重地赐予她一千斤黄金作为报答。

真正的帮助，是见人难处时的本能伸出手；铭记与回馈，是对这份纯粹善意的尊重。这份往来里，没有功利的算计，只有自然而然的体恤与感念。

现代场景应用

行善应该是发自内心的选择，不必急着追问回报，也不必刻意衡量轻重，真诚的付出自会在心里留下印记。

思维 349 当对方反复叹气或谈话中反复提及某个困难时，你可以主动询问："看你似乎有点烦心事，有什么我能帮上忙的吗？"

思维 350 判断对方是否真的缺乏解决该问题的资源、技能或时间。如果对方明显擅长且资源充足，就不要贸然插手。你的帮助应聚焦在对方"做不到"或"做不好"的领域。

思维 351 当好友被裁员后，你可以主动发消息："这周末来我家坐坐吧？你敞开了聊聊心里的事儿，我给你做几道家常菜。"

思维 352 对关系比较一般的人，过于私密或重大的困难，对方未必愿意向你求助。此时提供帮助要更谨慎、更尊重边界。

思维 353 有时，最需要帮助的人反而最沉默或表现得“一切都好”。你可以主动关心那些突然变得强颜欢笑的熟人，一句真诚的“你最近还好吗”就可能帮助到对方。

思维 354 帮忙前你可以直接询问“你现在最需要我做什么”或提供几个具体选项，避免强行塞给对方不需要的“好意”。

思维 355 当同事在项目截至日前焦头烂额时，主动分担一些工作，会比平时更容易让人感受到真诚的关怀。

思维 356 在帮助他人时，保持低调和尊重尤为重要。即便出于善意，也不要在他人面前提及自己的善举，特别是当这些帮助涉及对方不愿公开的处境时。

思维 357 在同事被当众批评后，可以悄悄递一张安慰便签。

思维 358 对方处于极度悲伤或疲惫时，可能无力社交。你可以发一条体贴的信息：“我知道你最近不容易，不用回复。需要的时候随时给我打电话，我一直都在。”

思维 359 在团队共处时，若察觉同事正面临难堪或困境，最得体的方式是避免过多关注与讨论，转而选择在合适的时机给予私下的关心与支持。

思维 360 明确对方是需要哪些实质帮助，比如是解决某个问题，还是需要情绪价值（比如陪伴聊天、给予安慰）。

思维 361 如果对方是一个很好面子的人，最好不要直接把东西或者钱塞给对方，可以委婉、迂回一点，不要显得太刻意。

以诚待人，不分贵贱

你是否曾经因对方职位不高而不经意间轻慢了几分？又或是觉得“用不上”的人，不必费心去相处？高明的社交智慧，不在攀附高处的计较里，而在于对每个人都保持同样的真诚与善意。

点子剧场——魏无忌接待侯嬴

战国时期，魏国公子魏无忌礼贤下士。大梁城东门有个守门的小吏叫侯嬴，已经七十岁了，家境贫寒。魏无忌听说他很有才能，就亲自驾车去请他，并特意空出车上最尊贵的左边座位。

侯嬴穿着破旧衣服，毫不客气地上车坐在左边。魏无忌神态恭敬，握着缰绳驾车。途中侯嬴又说要去市场拜访一个杀猪的朋友朱亥，故意让魏无忌驾车在闹市中等候。魏无忌不仅耐心等待，而且态度更加谦和。

到了府邸，魏无忌隆重设宴，亲自引侯嬴坐上座，并向满堂宾客介绍。侯嬴深受感动，后来在魏国危难之际，他为魏无忌献上“窃符救赵”的计策，并请朋友朱亥击杀大将晋鄙，挽救了魏国。

每个人都渴望被尊重，这份期待在身处低位时往往更为强烈。平视他人的态度，反映的是一个人的修养与格局。那些能够以同样真诚对待不同地位者的人，往往拥有更开阔的心胸。这种尊重带来的美好联结，往往会在不经意间回馈到我们自己身上。

现代场景应用

真诚的尊重如同善意的种子，它可能会在你意想不到的时刻生根发芽，带来贵人相助或雪中送炭的情谊。多留个心眼，尊重每一个人，你的人生道路将收获无数意外之喜。

思维 362 对快递、保洁等服务人员，你可以真诚地道谢并称呼对方的姓氏，如:“张师傅，辛苦了。”

思维 363 不论对方职位的高低，与他们交流时，保持目光接触和专注倾听，这样的尊重会让沟通更加顺畅。

思维 364 饭局上，主动为添茶倒水的服务员让出空间并道谢，旁观者会对你的人品留下好印象。

思维 365 如果在电梯里遇到清洁工或搬运工，你可以主动帮忙按住开门键并微笑示意，用简单举动传递平等尊重。

思维 366 下属或后辈提出的合理建议，即使不成熟，你也可以先说:“这个想法很有启发性。”保护对方的积极性。

思维 367 保持谦逊的姿态，在下属面前，也可以适当展现自己的不足，如“这个领域我了解得不够，你能和我说说吗?”激发对方的分享欲，拉近彼此距离。

思维 368 与下属沟通时，多使用开放式提问，如:“你对这件事怎么看?”“你觉得有什么改进的方法吗?”倾听时保持眼神交流，不随意打断，让对方感受到被尊重。

思维 369 尊重下属的工作成果，即使是一件小事，也给予及时的肯定和赞扬，如“你做的这个报表很清晰，数据整理得很到位”。

思维 370 认可下属的独特之处，如他们的性格特点、兴趣爱好、特殊技能等，可以说：“你真的很有耐心，这一点让我特别佩服。”让他们感受到自己的独特价值被看到。

思维 371 无论对方身份高低，遇见了，你都可以主动点头、微笑，说一句“早上好”“辛苦了”。

思维 372 与后勤人员、基层员工交谈时，应调整身体姿态。若对方站着，你尽量也站起来或邀请对方一同坐，让双方视线处于水平状态。

思维 373 在团队协作中，记得肯定每位成员的付出。无论是工作汇报还是日常沟通，都可以自然地提及：“这项工作能顺利完成，离不开 ×× 同事的重要贡献。”

思维 374 与人相处时，言语间的尊重尤为重要。避免以他人的背景、身份等特征作为谈资或调侃对象，这样的言行不仅可能造成伤害，也有失修养。平等的交流，往往始于对差异的理解与包容。

思维 375 尊重也意味着不过度干涉或“同情心泛滥”。不强行灌输你认为“好”的建议，当对方拒绝你的帮助时，表示理解和尊重。

常来常往情谊深，时时挂念暖人心

在生活中，我们常常因为忙碌而忽略了与重要之人的联系，直到需要帮助时才匆匆联络。然而真挚的情谊如同园中的花草，需要时常浇灌才能常青。偶尔的嘘寒问暖，胜过临时抱佛脚。让关心成为习惯，感情才能自然生长。

点子剧场——薛宝钗探望林黛玉

黛玉这几天咳嗽又厉害了，整天没精神。宝钗来看她，发现药方太复杂，就建议说："人参、肉桂性热，不如改吃些冰糖燕窝粥，更滋阴润肺。"黛玉听了，想到自己在别人家住的处境，连开口要燕窝都觉得不好意思。

宝钗看出了她的难处，贴心地说："我明天回家问问，要是有燕窝就给你带些来，让丫头们每天煮给你喝。"这番体贴让黛玉心头一暖，原本对宝钗的猜疑也消散了。

当夜，一个提着灯笼的婆子送来一大包上等燕窝和一包糖，说是宝姑娘让送来的，还嘱咐道："姑娘先用着，吃完再送来。"让黛玉深受感动。

真诚的关心往往藏在生活的细节里。主动发现需求，默默解决问题，不刻意表现自己。这种不张扬的体贴，反而容易打动人心。

现代场景应用

多留个心眼，将关心融入日常，慢慢成为值得信赖和长久相伴的人。

思维 376 看到有趣的文章、视频，可以随手转发并附上一句"看到这个，想起你上次说喜欢"，自然又贴心。

思维 377 定期主动联系几位重要朋友或亲人，简单问候近况，比如："最近怎么样？"寒暄几句，专注倾听。

思维 378 如果得知对方正经历困难，你可以发条消息表达关心："听说你最近压力很大，别太累，保重身体。"不必追问细节。

思维 379 记住对方提过的小事，比如宠物的名字，下次联系时可以顺带问一句"豆豆最近乖吗"，体现细心。

思维 380 偶尔向朋友请教他擅长的小事，如"你拍照构图特别好，能不能教教我怎么拍美食"，自然开启话题。

思维 381 和久未联系的朋友沟通时，可以先提起共同经历，如“昨天有流星雨，突然就想到了咱们大学时一起在操场熬夜看流星”，用温暖的回忆拉近距离。

思维 382 留意朋友在社交媒体或聊天中透露的动向，比如新工作、爱好等。你可以适时给予真诚地问候：“看到你升职了，真为你高兴！”

思维 383 看到朋友喜欢的零食、一个实用的小物件，可以顺手买下送给他：“路过看到这个，记得你说过喜欢。”重点在于“用心观察到他的喜好”。

思维 384 简单记录他们的重要信息，比如生日、纪念日。在这些关键的日子，主动送上祝福或关心。

思维 385 关系需要双向维系，你还可以多分享自己的生活点滴，比如：“今天尝试做了道新菜，居然成功了！”拉近彼此的距离。

思维 386 偶尔在群聊里与朋友友好互动，或者在朋友圈分享一些生活片段，让朋友们知道你的状态。完全隐身容易让人感觉疏远。

思维 387 有些人就是喜欢安静，联系少不代表关系淡。对于他们，不强行高频互动，保持温暖、真诚的联系即可。

思维 388 从共同兴趣切入，比如和爱打球的朋友约周末局，拉喜欢追剧的闺蜜分享观后感，用自然话题打破“刻意联系”的尴尬。

第六章

舍小谋大：会吃亏的才是聪明人

让利结信，化彼为盟

你有没有过在相处中算得太细，生怕自己吃了一点点亏？可越是这样精明的计较，反而越难遇到真心相待的伙伴。不少人觉得“吃亏”是傻气的表现，却没留意到，偶尔主动退一步、让一分，恰恰是赢得他人信任的关键。

点子剧场——楚瓜梁灌

梁国与楚国边境相邻，两国的边亭都种了瓜。梁国边亭的人勤劳灌溉，瓜长得很好；楚国边亭的人懒惰，瓜长得差。楚国边亭的人嫉妒，夜里偷偷破坏梁国边亭的瓜田。

梁国边亭的人发现后报告给县令宋就，想报复回去。梁国边境县的县令宋就却说：“这怎么行！别人使坏，你也跟着使坏，心胸太狭隘了。你们可以每晚悄悄去替楚国边亭的人浇灌他们的瓜田。”

梁国边亭的人照做了，于是楚国边亭的瓜长势变好。楚国边亭的人觉得奇怪，后来发现原来是梁国边亭的人做的。楚国县令听说后，将这件事上报楚王。楚王既惭愧又敬佩梁国的诚意，准备了厚礼向梁国表示歉意，请求与梁国交好。

相处里的得失本就难有绝对的衡量，太过执着于谁多谁少，反而会把心与心的距离推远。倒是那些愿意让利的人，看似“亏”了眼前，却在不经意间攒下了更珍贵的口碑。

现代场景应用

无论是寻求深度合作，还是渴望稳固情谊，过度精明都往往适得其反。敢于在关键处主动“吃亏”，反而能迅速拉近心理距离。

思维389 当你暂时没什么能与他人交换的资源时，愿意在小事上多担待几分，或许是最真诚的相处姿态。

思维390 吃亏也要“吃得明白”，吃明亏不吃暗亏，吃小亏不吃大亏，吃新亏不吃老亏。

思维391 和朋友吵架，哪怕自己有理，也可以说：“刚才我语气急了，咱们好好聊聊。”退一步给对方台阶下，你的包容会让你们的关系更稳固。

思维392 当与朋友一起把事情搞砸时，与其急着撇清关系，不如真诚地说：

“这次是我疏忽了，下次我会多留意的。”

思维 393 热心小忙不推托，比如顺路帮取快递、临时照看下宠物。别计较“凭什么是我”。

思维 394 聚餐选餐厅，看电影选类型，当朋友有强烈倾向而你无所谓时，你可以爽快同意：“听你的，我都行！”。

思维 395 朋友偶尔迟到十几分钟或忘了小事，别黑脸抱怨，你可以笑笑说：“没事，我也刚到。”显示大度，对方下次会更注意。

思维 396 团队有棘手的项目，但没人愿意接这个烫手的山芋，如果在自己能力范围内，可以主动提出“我来试试”，吃点儿苦，但展示能力与责任感。

思维 397 当同事的工作失误可能影响到你时，可以主动向领导表示：“这个环节我也有责任，我会协助一起处理。”这样的担当，既化解了团队的困境，也展现了共同解决问题的诚意。

思维 398 当同事遇到突发状况或小差错耽误工作时，不妨主动说：“这部分我先帮你处理，你赶紧去忙那边的事。”相互扶持，往往能让团队合作更加融洽。

思维 399 讨论问题时，即使有好点子，也先让别人说完，或引导资深同事先发言，自己再作补充。

思维 400 在需要谦让的时候，可以在大家面前说：“这次机会我觉得 ×× 更合适，我愿意支持他。”既展现了团队精神，也让人看到了你的格局。

思维 401 所有“吃亏”的前提，都是你能清晰判断：这份退让，是能让对方感受到你的宽厚、觉得值得深交，还是会让人觉得你可以随意轻慢？

枝节处示弱，决胜局称雄

有时紧盯眼前输赢，反而会错失更大的目标。懂得在无关紧要处“认输”，以退为进，才能在全局博弈中赢得主动权。放弃那些无关紧要的阵地，实则是为了在更核心的战役中锁定胜局。

点子剧场——田忌赛马

战国时期，齐国大将田忌经常和齐威王赛马，但总是输。他们各自都有上、中、下三个等级的马，田忌的马每个等级都比齐威王的差一点儿。

谋士孙膑看了比赛后，给田忌出了个主意：“用你的下等马对他的上等马，用你的上等马对他的中等马，用你的中等马对他的下等马。”

田忌照着孙膑的方法安排。第一场，他的下等马对上齐威王的上等马，自然输了，齐威王很得意。第二场，田忌的上等马对齐威王的中等马，赢了。第三场，田忌的中等马对齐威王的下等马，又赢了。三局两胜，田忌最终赢得了比赛。

很多时候，决定结果的不是完美的每一步，而是是否懂得在适当的时候做出取舍。看清全局，懂得舍小求大，方能在纷繁的选择中，走出最稳的路。

现代场景应用

处处争锋易树敌生怨，懂得巧妙“认输”，反而能缓和气氛、降低敌意，赢得更长远的胜利。

思维 402 不逞口舌之快，不逞匹夫之勇，即使让给对方也没关系，只要能达成自己最终目的就行。

思维 403 与固执者争论时，先赞同某个不重要的观点：“我同意这个观点。”然后再切入核心分歧：“但另一件事，我觉得可以这样看……”

思维 404 受到领导批评时，先接话：“您指出的这点我确实考虑不周。”等他情绪缓和，再解释客观原因，这样更容易被对方接受。

思维 405 伴侣因小事抱怨，你可以先接话：“是我不够细心。”等对方气消了，再温和引导：“我们一起想想怎么避免再发生类似的情况好吗？”

思维 406 面对长辈给出的一些建议，或许你不认同，但如果不涉及健康、安全等核心原则，不必争辩。你可以“认输”：“您的关心我记下了，谢谢提醒。”

思维 407 对别人无伤大雅的玩笑，你可以以幽默的方式回应，既能化解尴尬，又能展现风趣。例如：“你这么调皮，是想成为全场的焦点吗？”

思维 408 当有人在炫耀自己新买的包、特别的旅行经历等，你可以真诚地赞美：“哇，你眼光真好！”

思维 409 与刚认识的人交谈时，如果对方聊你不熟悉的领域，你可以大方承认自己的知识盲区，并表现出兴趣：“这个我真不太懂，你能多讲讲吗？”

思维 410 在朋友聚会玩桌游、打牌等游戏时，有时可以策略性地“放水”：“哎呀，又输给你了，你太厉害了！”

思维 411 当聊天群、饭局上有人就某个无关紧要的新闻争论不休，且明显偏离事实时，你无须纠正，可以简单说句“嗯，有道理”，然后退出讨论，避免陷入无意义的消耗。

思维 412 在推让座位、接受小礼物等礼节性场合，如果对方坚持且合乎情理，不必过分推辞。可以适度“认输”并真诚感谢：“那恭敬不如从命了。”

思维 413 在团队讨论方案时，对某个不影响大局的具体执行细节，你可以认同对方的意见：“你说得对，这样确实更稳妥。”用小让步软化对方的立场。

思维 414 与合作伙伴产生策略分歧时，你可以先接受对方部分建议，说：“您这个思路很有新意，我们先小范围试试。”先采纳再优化，避免破坏合作。

抛砖引玉，以小博厚

在与人交流时，有时会遇到话题中断的沉默时刻。这时，与其强行推进话题，不如试试“抛砖引玉”的法子——不必总想着占据主动，偶尔说些自己的小事，或是轻轻抛出一个对方可能感兴趣的话题，看似是退了一步，却可能让对方自然地打开话匣子。

点子剧场——常建抛砖引玉

唐朝时，诗人常建听说才华横溢的赵嘏要来苏州灵岩寺游玩。常建久仰赵嘏的诗名，但苦于无缘交流。于是，他想出一个妙计：提前赶到灵岩寺，在寺庙墙壁上题写一首诗，但只写开头两句便故意留白离去。

几天后，赵嘏果然来到灵岩寺。游览时，他看见墙上的诗句，发现前两句描绘了清晨古寺的宁静美景，却戛然而止。赵嘏被深深吸引，诗兴大发。他沉思片刻，提笔续写了后两句。这续句意境悠远，语言精妙，瞬间让整首诗焕发光彩。

如果你直接向对方寻求意见，不一定能得到自己想要的答案。如果你抛出“可补充的话题”或“待解决的小问题”，往往能让对方主动开始互动。

“抛砖引玉”其实就是通过“制造缺口”，激发对方的参与兴致，使对方在填补空白的过程中自然投入情感与精力。

现代场景应用

“抛砖”的智慧能让互动更高效，学会用开放的态度引发对话，让每次交谈都能激发出思想的火花，这样的沟通能让彼此都收获更多。

思维 415 会议冷场时，你可以先抛出不完美的初步想法：“我有个初步思路，大家看怎么完善……”激发团队讨论，引导出更优秀的方案。

思维 416 想了解别人的想法时，可以试着说：“我听到一些关于这件事的看法……”这样自然的开场，能引导对方分享自己的观点。

思维 417 想了解同事的想法，你可以先抛出自己的困惑：“这个方案我有点儿纠结。”等他给出建议后再深入探讨。

思维 418 向长辈请教时，可以这样说：“我按照您说的方法试了试，但还有些不太明白的地方。”这样的表达既展现了你的行动，也自然引出了长辈进一步的指导。

思维 419 团队讨论时，你可以先抛出一个“中庸方案”，引出同事们更具创新性的想法。

思维 420 在团队讨论中，可以这样分享：“这个问题我尝试了几种方法，但还没完全解决，所以想听听大家的想法。”这样的表达既能集思广益，又能促进团队协作。

思维 421 想了解对方的看法时，可以自然地说：“这个方法以前经常使用，不知道现在效果怎么样？”

思维 422 在分享项目想法时，可以这样说：“活动的大框架已经有了，但有些细节还需要完善。你在这方面很有经验，能给我些建议吗？”这样的表达既展现了初步成果，又真诚地邀请对方参与完善。

思维 423 想获得真实反馈，你可以先自嘲式点评自己的作品：“这个设计我自己都觉得有点问题很多……”减少对方提出建议时的顾虑。

思维 424 想请教某个领域的知识时，你可以试着先坦承自己的局限，比如说：“这个领域我其实了解得不多，只懂些皮毛。听说您对这方面很熟悉，能不能用几分钟时间给我讲讲？”

思维 425 你可以用“错的”想法引出“对的”想法。比如先说出自己的观点：“我的理解应该是这样的，但总觉得哪里不对。”通过主动示弱，既能消除对方的顾虑，又能引导对方主动纠正并详细解释。

思维 426 如果你想获得更多意见，还可以转述他人的观点：“王总说这事做不到，您看看您是否还有别的思路？”

思维 427 闲聊时，你可以分享自己的一段经历：“周末去爬了山，挺累的。”若对方感兴趣，便可以引出共同话题。

思维 428 聊天时先坦承自己某个无伤大雅的不足之处，比如“我总记不住人名”，鼓励对方分享类似困扰，引起共鸣。

思维 429 想约朋友出去玩时，不用一上来就问时间。可以先分享你的发现：“最近发现一个特别有意思的地方！”等对方表现出兴趣时，再自然地提议：“要不要一起去看看？”

思维 430 当朋友向你倾诉烦心事时，不妨先表达理解：“这事确实挺让人郁闷的。”然后自然地追问：“你当时是怎么处理不良情绪的？”再引导朋友分享自己的应对经验。

思维 431 分享技能时可以适当“示弱”，比如你可以说：“最近刚开始学烘焙，但造型总是做不好……”这样会烘焙的朋友很可能会热心地分享他们的实用小窍门。

思维 432 如果你想了解新朋友的价值观，可以在闲聊时故意说：“我觉得这件事挺重要的……”观察他是否补充或反驳，引出对方的真实态度。

弃小保大，顾全根本

人常常会为眼前的得失所困，不知不觉间陷入进退两难的境地。就像下棋一样，如果执着于每一手都寸步不让，反而可能错失全局。这时，不妨放下非此即彼的固执，学会在适当的时候退一步，反而会出现新的转机。这不是简单的妥协，而是为了维系更重要的关系，为了更长远的未来所采取的权宜之计。当我们能够超越一时得失的局限，才能从容应对人生的复杂棋局。

点子剧场——程婴救孤

春秋时期，晋国权臣屠岸贾为铲除政敌赵盾一族，发动了“下宫之难”，赵氏满门遇害。当时赵朔的遗腹子赵武成为赵家唯一的血脉，处境十分危险。

在这生死存亡之际，赵朔的门客程婴与公孙杵臼商议对策——他们决定用程婴刚出生的亲生儿子替换赵氏孤儿赵武。公孙杵臼带着程婴的亲生儿子躲进深山，程婴则假装告密，带领屠岸贾前去搜捕。结果公孙杵臼和婴儿不幸遇害，屠岸贾误以为已断绝赵氏血脉，便放松了警惕。

在接下来的十五年里，程婴忍辱负重，精心抚育赵武成人。等时机成熟，程婴联合韩厥等忠臣揭露真相，帮助赵武重振家业，最终为赵氏家族讨回了公道。

真正的格局，在于看清什么是值得守护的核心，敢于在次要处让步，以局部的“舍”换全局的“存”，“舍”是手段，“存”是目的，“谋”是智慧。

现代场景应用

懂得取舍之道，才能避免因小失大。学会灵活变通，方可在人际交往中把握主动。

思维 433 刚入职时，你可以主动承担整理文件、复印资料等基础工作。这能帮助你快速融入团队，给同事留下积极主动的印象。

思维 434 当团队遇到一些小问题时，比如会议室安排有冲突，你可以说：“我来帮忙协调一下吧。”让大家感受到你的主动和责任心。

思维 435 谈判陷入僵局时，你可以在次要条款上让步，换取对方在核心价格或独家合作上的承诺。

思维 436 面对多个紧急任务，你可以评估后暂时推迟一个综合收益最低的，集中精力攻克能带来最大价值或影响的关键项目。

思维 437 在工作中，你与同事有不同的意见时，与其针锋相对，不如适当退一步或换个话题。这样既能避免伤和气，也为今后的合作留有余地。

思维 438 当重要客户提出超出预期的要求时，如果确实无法满足主要诉求，不妨主动提供一些贴心的增值服务。这样既能让客户感受到诚意，又能维系良好的合作关系。

思维 439 不重要的人对你的嫉妒、排挤、风言风语，如果不构成实质性伤害，你可以选择视而不见或一笑了之。

思维 440 你可以温和而坚定地拒绝一些无关紧要的“帮忙请求”，把时间省下来投入个人能力的提升或核心工作。

思维 441 当工作中出现问题时，如果自己不是主要责任方，可以主动分担部分责任。既能体现担当精神，也有助于维护团队的和谐氛围。

思维 442 当团队协作出现延误时，即便不是分内之事，主动分担一些基础性工作，既是对团队的支持，也能避免项目整体受到更大的影响。

思维 443 当同时收到多个邀约时，可以优先考虑与重要伙伴的约定，对其他邀约则礼貌说明情况。

思维 444 面对长期投入却收效甚微的事务，与其继续消耗精力，不如理性评估，及时止损。

思维 445 当个人工作计划与团队紧急任务冲突时，可以优先完成团队任务，保障团队目标达成。

思维 446 与朋友发生小分歧时，你可以主动退一步认个“小错”，避免因口舌之争伤感情。

思维 447 当朋友在公共场合遇到尴尬的局面时，不妨把话题引到自己身上，用轻松的玩笑化解紧张气氛。

思维 448 当你发现自己与目前的社交圈价值观不合，可以慢慢减少参与，把精力投向更契合的群体。

思维 449 当发现某些朋友总是在你需要支持时消失，可以适当调整社交距离，更加珍惜那些始终与你同行的真挚友谊。

思维 450 如果你明知是给自己带来负能量的聚会邀约，可以直接说：“今晚得赶个报告，下次约！”

舍小利谋远，智取大利

面对眼前的利益，我们难免想要紧紧抓住。但如果总是计较这些蝇头小利，反而无法提高自己的眼界。相反，那些能为长远目标暂时放下个人得失的人，往往展现出更大的胸怀，最终也能收获更多。

点子剧场——公仪休拒鱼

鲁国国相公仪休特别爱吃鱼，许多人为了讨好他，争先恐后地给他送鱼。然而公仪休全都拒绝了。他的学生不解地问:“老师，您这么爱吃鱼，为何不收下呢?”

公仪休解释道:“正因为我太爱吃鱼，才更不能收。我今天收下了别人送的鱼，来日就要替他们办事。这样一来，我难免会做出徇私枉法的事。一旦获罪丢官，那时候想吃鱼也买不起了。现在我拿着俸禄，可以光明正大地买鱼，想吃多久就吃多久，岂不是更好?”

人生路上，充满着诱惑与考验。那些看似美好的“赠礼”，往往暗藏着诉求与代价。

长远眼光与即时满足之间，不在于获取多少，而在于懂得拒绝什么。

无论是职场、商场还是日常生活，我们都需要这种“舍小利谋远”的定力，才能在复杂环境中稳步发展。

现代场景应用

沉迷于眼前小利会让自己的眼界无法提高，多一些“舍小取大”的心眼，才能在人生路上走得更稳、更远。

思维 451 当遇到高薪的工作机会时，如果新岗位与你的专业发展方向不符，可以这样回应：“很感谢您的赏识，不过我还是更希望在自己专注的领域继续深耕。”

思维 452 当了解到一些内部机会或有价值的信息时，不妨主动分享给更适合的同事。可以这样说：“最近有个新项目正在物色人选，感觉你的专业背景特别合适，要不要了解一下？”

思维 453 不必贪求所有机会，遇到与核心目标不相关的邀约时，不妨坦然说“不”。

思维 454 当你在工作中取得成绩时，可以大方地与团队分享你的经验和方法，帮助大家一起进步。

思维 455 当代表团队与领导沟通福利事宜时，如果资源有限，可以先考虑团队其他成员的需求。

思维 456 在团队内部分配任务时，不妨主动承担一些具有挑战性的工作。这样既能帮助团队分担压力，也能展现你的责任心和担当。

思维 457 在职场中，与其费心算计，不如大方分享自己的经验心得，比如：“我整理了一份详细的操作指南，记录了这次用到的几个关键方法，已经发到工作群里了。”

思维 458 别为了赶进度而去走捷径完成工作，虽然省时，但质量会不过关，因此返工更得不偿失。

思维 459 在合作分配收益时，可以说：“这次合作很愉快，我愿意适当少分一些，希望以后还能继续合作。”

思维 460 和人产生利益冲突时，别硬争眼前得失，长期关系更重要。暂时让步，或许能找到更好的解决办法，实现双方共赢。

思维 461 如果合作伙伴提议偷工减料，你要坚决拒绝。短期利润虽然少了，但能赢得长期口碑。

思维 462 看到别人做副业轻松赚钱，不盲目跟风，先打磨主业优势，等主业稳定后再拓展。

思维 463 遇到短期高收益但风险大的投资，守住本金不冒险，稳健积累财富才能走得长远。

思维 464 和朋友一起吃饭时，不必总是计较谁付钱。偶尔主动请客，既能表达心意，也能让彼此的关系更融洽。

思维 465 遇到看似划算的降价商品时，不妨先冷静考虑一下是否真的需要。有些低价商品质量没有保障，买回来用着不顺手反而添堵。与其这样，不如选择品质可靠的东西，用着放心也省心。

思维 466 当亲戚请你帮忙时，如果涉及违背原则的事情，不妨委婉地说明难处。虽然一时可能会让对方失望，但坚持自己的底线才能维护长久的信任关系。

思维 467 当同学邀请你一起合伙做生意时，如果你对该领域和风险不太了解时，最好谨慎思考。风险往往藏在认知盲区里。

思维 468 当同事邀请你参与办公室的小圈子时，保持适当的距离或许是更好的选择。虽然暂时可能显得不合群，但坚持自己的原则可减少被利用的风险。

第七章

分寸韬略：进退有据，明哲保身

才华贵适时，锋芒忌早露

在职场上，即便能力出众，有时也会因为表现过度而错失良机。真正的智慧不在于时刻展示才华，而在于懂得把握分寸。就像一位优秀的钢琴家，不仅需要精湛的琴技，更要懂得何时该激昂、何时该含蓄，才能演奏出最动人的旋律。

点子剧场——杨修聪明反被聪明误

东汉末年，曹操帐下有位才华横溢的主簿杨修。他聪慧过人、才华横溢，却终因“口舌之祸”而丧命。

一次，曹操修建花园，完工后在园门上题了个“活”字。大家都不明白其中的意思，杨修立即点破：“‘活’字在门中，丞相是嫌门太宽了。”有人送曹操一盒酥饼，盒上写着“一合酥”。杨修拆开分给众人，解释道：“这是‘一人一口酥’的意思。”引发曹操不满。

汉中之战时，曹操和刘备僵持不下。有天晚上曹操用“鸡肋”当口令。杨修一听就说：“鸡肋吃着无味，扔了可惜，丞相这是想撤军了！”说完就自作主张让士兵收拾行李。曹操本就忌讳他屡次猜中心思，见他这次竟敢扰乱军心，便以“造言乱军”之罪将其处死。

才华是利刃，但若不懂得鞘藏，便会成为伤人伤己的利器。聪明固然重要，但懂得藏拙才是真正的智慧。

处世的智慧，往往藏在“知止”二字中：有洞察人心的眼力，更要有含而不露的定力；能看破事物的本质，更要懂得为他人留有余地。

在职场上，我们经常会遇到类似的情况。有些人就像杨修一样，明明很有能力，却因为太爱表现而招人反感。聪明的人懂得“看破不说破”的道理，领导需要的不仅是能干的员工，更需要懂得分寸的合作伙伴。

现代场景应用

懂得在关键之时展露真章，能力便会自然凸显，甚至可能成为打破困局的关键。多留个心眼，把握好展现的节奏，能力才会真正成为支撑我们前行的底气。

思维 469 领导在会议上抛出问题，千万别急着第一个回答，先倾听各方观点，你再简洁有力地分析并提出方案。

思维 470 领导明显需要帮助时，你可以说：“这个问题我之前遇到过类似的，或许可以尝试这个方法。”

思维 471 当你发现了领导的小错误，可以私下提醒：“领导，刚您提到的数据，我核对原始记录发现有些不一样的地方，需要我把相关资料整理好送过来供您查阅吗？”

思维 472 在大领导面前，除非直属领导让你发表意见，否则多听少说，多展示你支持直属领导的工作。

思维 473 就算领导批评得不对，也别当场反驳，你可以等他说完，再说：“我回去再仔细想想，可能是我理解有偏差。”事后找机会解释。

思维 474 在领导面前，不通过贬低别人展示自己。别说“他们都不行，还是得我来”，可以说：“我有个新思路，领导看看是否可行？”

思维475 想展示自己的见解时，你可以说："我对这个问题有点想法，但不太成熟，想听听您的意见。"对方若感兴趣，你再娓娓道来，显得谦逊又主动。

思维476 别人争论半天没结果，你别直接说"你们都不对"，可以说"刚才听完大家说的都很有道理，我刚刚想到个折中的办法"。

思维477 当你想给同事提意见，你可以私下说："我有个不成熟的想法，你看这样是否更可行？"

思维478 即使你更懂某些事情，也别对同事说："你连这基础的知识都不懂？"可以换成："这个确实容易混，我当初也迷糊。"

思维479 总结成功经验或写报告时，多用"我们团队""大家共同""得益于大家的支持"等表述。淡化个人色彩，强调集体力量。

思维480 展示能力时点到为止，留点空间让别人提问或邀请你深入表述，显得更沉稳可信。

思维481 展现能力前，先真诚感谢给你机会或启发的人："特别感谢经理之前分享的经验，让我想到……"

思维482 当你在社交场合被问特长，为避免滔滔不绝，你可以说："略懂一点，大家可以互相交流。"既留有余地也显得谦和。

思维483 少说"我能行""包在我身上"，默默把事情做好，拿出实实在在的成果。时间久了，大家自然知道你的能力，比个人自夸有力得多。

思维484 朋友聚会聊到你的专业领域，别一开始就抢话题，等有人问"你怎么看"时，你再表达自己的观点。

思维485 被问及专业问题，你回答时可以稍带一句："我之前查过一些资料，了解到……"既展现你提前做了功课，又不显得刻意。

思维486 被问到你怎么能做得这么好时，可以谦虚一点说："其实我就是多花了一些时间反复调整，你做事向来比我细致，真要做起来，可能会比我更好。"

亲近却不轻慢，敬重而不疏远

在职场中，与领导保持良好的关系确实很重要，但要注意把握分寸。即使相处融洽，也要时刻记得彼此的身份差异。适度的距离感不是疏远，而是对职场关系的必要维护。

点子剧场——徐达的谨慎之道

明朝开国皇帝朱元璋和大将徐达都出身贫寒，在元末乱世中并肩作战，结下了深厚的情谊。朱元璋当上皇帝后，设宴招待徐达时，常常亲热地称他为兄弟，把酒言欢。但不管朱元璋表现得多么亲近，徐达始终谨守臣子本分，从不逾矩。

有一次，朱元璋假装要封徐达为吴王，并把自己登基前所住的吴王府赏赐给徐达，徐达诚惶诚恐，坚决推辞不受。还有一次，朱元璋请他进宫庆功，并将他灌醉，让人把他抬到龙床上休息。徐达酒醒后大惊失色，赶紧跑下台阶，跪在地上连称“死罪”。朱元璋见他如此知分寸，心里很高兴，就命人在旧王府前新建了一座府邸赐给徐达，还在牌坊上题了“大功”二字以示褒奖。

领导亲切待人，不代表你们之间的位置是平等的。领导偶尔说说笑笑，既是为了营造轻松氛围，也是一种管理艺术。如果因此就忘乎所以，做出勾肩搭背等过于随意的举动，甚至开不得体的玩笑，反而会让对方感到不适。

比如，领导和你聊点儿私事，这固然是信任的表现，但并不意味着你可以过分打探隐私。

更要留意的是，人在放松时最容易说错话。和领导聊得兴起时，很容易不自觉地抱怨工作或议论同事。但领导毕竟需要从全局角度考虑问题，这些无心之言很可能会影响他对你的评价。

现代场景应用

领导亲和的态度、言行常常体现了管理的温度。多留点心眼，守住分寸，你才能在热络里维持关系，在尊重里获得信任。

思维 487 在电梯里偶遇领导，点头微笑问声“早”即可，无须刻意攀谈拉近距离。

思维 488 当领导分享一些私人趣事时，保持微笑倾听就好，不必过多追问细节，也不需要急着把自己的私事都讲出来。

思维 489 在私下场合与领导笑谈往事，可点头应和，但开口最好带上职务，比如："张总说得是。"

思维 490 当领导邀请你一起吃饭或打球时，你适当参与有助于彼此加深了解。但如果邀约过于频繁，可以委婉表示："最近家里有些事情需要处理，这次可能不太方便。"

思维 491 领导无意透露的家事、情感、财务等隐私，听到就听到，但绝不主动追问、传播或过度安慰，可以巧妙地把话题自然引回工作上去。

思维 492 跟领导保持适度的身体距离和语言分寸，肢体接触仅限于必要场合，比如握手。

思维 493 在同事面前，最好还是以职位称呼领导比较妥当。即便领导亲切地叫你小名，保持得体的回应就好，不必跟着以兄弟相称。

思维 494 工作取得成绩汇报或对外沟通时，主动说明"在领导的指导下完成的"。即使领导没直接参与，也要提一句"感谢领导给予的机会和信任"。

思维 495 如果领导向你私下吐槽公司、其他领导或高层，只听不附和，尤其不能跟着一起骂。可以用中性语言回应，如"嗯，这情况确实挺复杂"。

思维 496 领导交办任务，别拍胸脯说"保证没问题"，可以说"我全力以赴""预计这段时间内完成，中间及时向您汇报进展"。给自己留出应对意外的空间。

思维 497 接受重要任务时，用自己的话复述一遍关键点，你可以问："您看我的理解对吗？”避免因误解导致执行偏差，也让领导放心。

思维 498 即使领导征求意见，涉及人员、预算、方向等核心决策，只提供客观分析和选项，不要说“就该选这个”，明确表示“这需要您来定夺”。

思维 499 在公开会议上或其他同事面前，即使有不同意见，也要注意表达方式，可以说“陈总，关于这点我有个补充想法……”，避免让领导不满。

思维 500 领导请客吃饭、送小礼物，要感谢并适时回馈，比如下次带点家乡特产、抢着付个小额账单。

思维 501 当领导提前告知一些尚未公开的工作信息时，比如人事调整或业务规划，要注意严格保密。即便关系再好的同事，也不要随意讨论这些内容。

思维 502 除非领导明确指示或情况极其特殊紧急，常规工作必须通过直属领导汇报。越级是大忌。

思维 503 当遇到领导正在与他人交谈时，最好保持适当的距离在一旁等候。待他们谈话结束后再上前沟通，体现你对领导的尊重。

思维 504 与领导单独相处时，即便对方表示不用拘束，也最好保持适度的礼节。主动帮忙倒杯水，坐姿保持端正，这样既显得自然大方，又不失应有的尊重。

共事言有度，交浅莫言深

工作中，我们常会遇到这样的困惑：和某个同事相处融洽，无话不谈，甚至分享了一些心里话，结果却发现这些话很快就在办公室里传开了。职场中，即便关系再好，也要懂得把握言谈的分寸，既是对自己的保护，也是对同事关系的尊重。

点子剧场——费祎慎言

三国时期，蜀汉大臣费祎与董允齐名，关系密切，同为诸葛亮倚重的后辈。费祎官至尚书令、大将军，位高权重。

有一次，董允想代替父亲董和向费祎请教一些关于朝堂事务的看法。费祎只是听着，并不直接回答，反而顾左右而言他，聊起了别的轻松话题。董允回家后告诉父亲，董和感叹道："我本以为你们情同手足，无话不谈。如今看来，费祎能分清公私场合，懂得守口如瓶，这才是真正值得托付大事的人啊！"

职场智慧不在"说尽"，而在"说巧"。试想，当你抱怨工作繁重或对领导有所不满时，这些话语很可能被曲解为工作态度消极；当你透露离职意向时，说不定就会被他人当作表现的机会。办公室里流传的闲言碎语，常常在传播过程中不断变形，最终可能以完全不同的版本回到自己耳中。

现代场景应用

职场中的同事关系往往既需要合作，又难免存在竞争。在这种微妙的相处中，保持适当的谨慎，注意言语分寸，才能让职场之路走得更稳当。

思维 505 被问工资时，你可以笑一笑说“差不多够日常开销”，别追问别人也别细说自己。薪资话题往往比较敏感，适当的模糊更明智。

思维 506 聊工作少说“我觉得”，多讲“你看这样行不行”。把判断句换成商量的话，既给对方余地，也少树对立面。

思维 507 在考虑职业发展机会时，保持低调。即便对现状有所不满，也不要在公司公开抱怨。等到正式确定离职意向并办妥相关手续后，再告知同事和领导也不迟。

思维 508 当同事在议论领导时，最好的方式是保持中立。可以借故暂时离开，比如去倒杯水或处理其他事情，避免参与这类讨论。

思维 509 当需要婉拒同事的求助时，可以这样表达：“我这边有个紧急任务可能暂时抽不开身，担心会影响你的事情。”先说明实际情况，再表达难处。

思维 510 对于办公室里的各种传言，比如同事间的矛盾，可以礼貌地表示：“这件事我不太了解。”不传播未经证实的信息。

思维 511 家里的烦心事最好与亲友倾诉，而不是在办公室讨论。每个人都有自己的压力要面对，学会自我调节情绪是职场人成熟的体现。

思维 512 当同事分享自己的成就时，给予适当的称赞就好，比如：“做得真不错！”不必过分较真或比较，保持友善的回应即可。

思维 513 如果对方没有主动提起，最好不要过多询问私人事务。过度关心是冒犯，保持适当的界限感。

思维 514 避免频繁托人帮忙处理私事，当不可避免的时候，可以这样表达："这件事可能要麻烦你一下，如果方便的时候帮个忙就好。"

思维 515 当工作压力较大时，可以选择向家人或职场外的朋友倾诉。在同事面前过多抱怨工作，可能影响专业形象，也可能会被有心人利用。

思维 516 当同事试探性地询问你对某些人或事的看法时，可以这样回应："公司在这方面应该是有相关规定的，我们还是按制度来比较好。"

思维 517 有晋升或转岗的想法时，建议直接与领导沟通，即便对某个职位很有信心，也不要向同事透露具体意向。毕竟职场中的机会往往存在变数。

思维 518 当同事向你求助时，可以先评估下自己手头的工作安排。如果确实抽不开身，可以委婉说明，如果勉强答应，反而可能影响双方的工作进度。

思维 519 过去的辉煌业绩、名校光环或是名企经历，不必时常提及。如果同事偶然问起，可以说："都是过去的事了，现在还是得往前看。"

思维 520 当同事向你请教问题或倾诉工作困难时，即便你觉得问题并不复杂，也不要直接说出来。可以这样回应："这个问题我之前也遇到过，你可以试试这个思路……"

思维 521 同事夸你"厉害""效率真高"，可以这样回应："这次能顺利完成，多亏了团队的支持配合。你在 ×× 方面也很厉害。"

思维 522 当同事给予帮助时，不要因为关系亲切就不感谢，你可以说："太感谢了！一会儿请你喝咖啡！"让对方感受到你的诚意。

思维 523 即便对项目贡献很大，也最好保持谦逊，过分强调个人作用可能会引起不必要的嫉恨。

思维 524 即便与领导有私人关系，也最好保持低调，过分强调这层关系容易引起不必要的猜疑。

和善非怯懦，立身须有骨

你是否遇到过这样的困惑：明明勤勉尽责，却常常得不到应有的认可？或是为了避免冲突而一再退让，结果反而失去了应有的尊重？与同事相处，不能单方面妥协，要懂得刚柔并济的智慧。

点子剧场——晏子使楚

春秋时期，齐国大夫晏子出使楚国。楚王得知晏子身材矮小，便想羞辱他一番，显示楚国威风。当晏子抵达郢都城门时，守门士兵没有打开高大的正门，反而指着旁边一扇矮小的门洞说：“请走这边，这洞足够您进去了。”意图讽刺晏子矮小如狗。

晏子立刻停下脚步，正色道：“出使狗国的人才走狗门。今天我出使的是堂堂楚国，不该走此门吧？”士兵哑口无言，只好打开正门请晏子入城。

“不老实、不软弱”并非要去算计他人，更不是要处处争强，它其实是一种保护自己的智慧。如果总是无条件地接受所有要求，不仅工作负担会越来越重，还可能让他人忽视你的合理需求，让人觉得你“好欺负”。

当面对不公平对待时，适当地表明立场，反而能让同事明白你的边界。职场里的尊重，从来不是靠“讨好”换来的。你先把自己当回事，别人才会把你当回事。

现代场景应用

在职场中，为人太过老实往往容易承担过多本不属于自己的任务和责任。保持适度的警惕并非心机，而是为了让工作更加舒心顺意。多一分清醒认知，就能少一分不必要的委屈。

思维 525 同事推诿杂务时，你可以微笑说：“我手头有项目在赶，你要是急的话，我们一起找领导协调一下？”

思维 526 若总有人指挥你做事，他开口时你可以反问：“你自己处理这件事有难度吗？我手头也有急活儿呢。”既说明了实际情况，也委婉地设定了界限。

思维 527 当遇到任务分配明显不均时，可以礼貌地提出：“这部分工作量似乎不太平衡，我来负责这些事项，其余的是否可以再做调整？”

思维 528 当临近下班时，如果同事想把他的工作转交给你，可以这样回应：“我今天的工作已经按计划完成了。这份工作可能需要你自己处理了，我现在要准备下班。”

思维 529 交流时保持适度眼神接触，坐姿、站姿挺拔，语速平稳清晰，这些小细节能够传递出自信和可靠感。

思维 530 发言时，语速平稳，适当停顿。被打断时，你可以说“请让我说完这一点”或“稍等，我马上说完”。

思维 531 当遇到同事拐弯抹角的指责时，可以平和地回应：“如果有什么建议或意见，不妨直接沟通，这样效率会更高。”

思维 532 当无意间听到同事在议论你时，不必刻意回避，可以自然地加入对话：“你们在聊什么有趣的事呢？”

思维 533 当对方咄咄逼人或试图转移焦点，你可以平静反问：“你具体指哪一点？”或“这和我们要解决的核心问题有什么关系？”把话题拉回正轨。

思维 534 遇到带贬低或试探的“玩笑”，别尴尬赔笑或沉默，可以直视对方眼睛，平静微笑问：“哦？这话怎么说？”或“你觉得好笑在哪里？”

思维 535 不是你的错，别轻易说“对不起”，你可以用“了解了”“收到”“我来看看”替代。

思维 536 当同事说“有空帮下忙”“随便弄下”这类模糊的话，你要追问：“具体需要我做什么？期望达到什么标准？截止时间是什么时候？”迫使对方明确要求，避免对方后续推卸责任。

思维 537 完成重要工作，及时向上级或相关方同步进展或者结果，用邮件抄送或简单报告都可以。

思维 538 乐于助人不等于随叫随到，你可以说："我现在手头有急事，大概明天可以帮你看看。"既没明确拒绝，也设立了边界。

思维 539 对于习惯性索取、不懂感恩的同事，可以委婉地表示自己"最近手头的工作比较多"或者"这个领域不太熟悉"，循序渐进，减少过度付出。

思维 540 如果同事总借你的私人物品，你下次可以直接说："这是我常用的，如果你觉得好用可以自己备一个更方便。"

思维 541 如果被孤立，或者被故意冷落，你遇见时可以正常打招呼，工作上该沟通就沟通，不讨好也不回避。

思维 542 如果同事言行让你不舒服，你可以直接说："谢谢关心，不过我不太喜欢这样。"语气温和，态度明确。

思维 543 如果你被指责"你这点事都做不好"，你可以说："我是按照标准流程操作的，如果有具体问题，麻烦你指出哪个环节需要改进。"

思维 544 分享零食是增进同事关系的好方法，但不必每次都主动提供，也不必特意准备昂贵的点心。自然随性地分享零食，反而能让相处更轻松愉快。

雾里看花时，莫轻择阵营

你是否曾因同事的拉拢，便贸然加入某一方，最终成了争斗中的牺牲品？是否曾因急于表态，反倒被卷入本与自己无关的职场风波？职场关系往往复杂多变，与其贸然选择站队，不如先保持观察，审慎判断，在复杂的职场环境中稳步前行。

点子剧场——贾诩巧答立嗣之问

曹操晚年为立储之事犹豫不决，其长子曹丕为人稳重，四子曹植才华横溢，朝中大臣大多暗中支持其中一方，唯独谋士贾诩始终不表态。

一日，曹操特意单独询问贾诩：“你认为我该立谁为继承人？”贾诩闭目不语。曹操再次追问，贾诩这才缓缓答道：“臣方才想到了一些人。”曹操忙问是谁，贾诩说：“是已故的袁绍和刘表父子。”

贾诩虽没有直言，却巧妙暗示：袁绍因废长立幼导致家族内斗而亡，刘表因偏爱幼子致使荆州分裂。曹操听完会心一笑，不久便正式确立曹丕为世子。

在局势尚未明朗时，贸然站队往往得不偿失。这种审慎不是退缩，而是为了更精准地把握时机。

一个人的核心价值，不在于选择哪方阵营，而在于自身的能力与资源。

当你具备不可替代的专业素养时，保持中立反而能赢得更多尊重与选择空间——各方都会重视你的价值，而非强迫你表态。

现代场景应用

真正的职场智慧，不是“站哪边”，而是在乱局中守住自身价值，等待真正值得全力以赴的时刻。

思维 545 当同事讨论领导间的派系问题时，可以微笑着回应：“我可能不太懂这些，还是专心把手头的工作做好更重要。”

思维 546 领导问你对其他部门的看法，不妨只提他们在某个项目上的可取之处，不必去评判优劣。

思维 547 有人要求你对某事表态时，你可以说：“我这人怕麻烦，你们商量好告诉我结果就行了。”

思维 548 遇到争论或敏感话题，别急着表态。你可以假装没听清、不懂或没想好，笑着说：“这个我还真不太清楚。”

思维 549 在团队协作中，可以多强调共同目标来凝聚共识。比如“我们都是为了项目成功而努力”“大家的最终目标是一致的”，这样能把讨论焦点引向合作而非对立。

思维 550 坚决不在不同派系间传话，尤其是不好听的话。你可以说：“还是你们直接沟通比较好。”避免招惹不必要的麻烦。

思维 551 即使内心有倾向，也要对争议各方都维持表面基本的礼貌和尊重，不刻意疏远谁，也不过分亲近谁。

思维 552 当别人请求支持或表态时，别立刻答应。你可以说“我考虑一下”“需要时间了解”，给自己留足思考空间。

思维 553 你如果不得不发言，尽量只陈述你亲眼所见、亲耳所闻的客观事实，避免加入个人猜测、评价或情绪化的判断。

思维 554 当一方向你表达拉拢之意时，可以委婉地回应：“很感谢你的信任和看重，不过这件事我可能不太适合参与，担心影响进展。”

思维 555 当有人试探你的立场时，可以自然地回应：“我和他们都有不错的合作，沟通也很顺畅。”暗示自己的中立立场。

思维 556 对于未经证实的消息或口头承诺，保持谨慎态度，可以这样回应：“我们还是等看到正式文件或书面确认后再做判断吧，这样更稳妥。”

思维 557 如果有人说“你站我这边”，你可以开玩笑地说：“我站道理那边。”

思维 558 面对需要表态的决策，强调按章办事，比如说：“这事有规定流程吗？咱们按流程走最稳妥。”让规则替你“站队”。

思维 559 当一方向你倾诉时，你可以回应：“我理解你现在的感受。”表示共情，但不表态支持对方的立场。

思维 560 被要求做有站队意味的事情时，你可以说：“这个层面的事超出了我的职责范围，我实在不好插手。”

第八章

蓄势布局：藏锋扮拙终成虎

假痴不癫，大智若愚

人们往往更愿意接受一个谦逊的天才，而非咄咄逼人的能人。而真正的聪明人往往深谙“藏”的艺术，他们会在更合适的机会展示自己，以更聪明的方式参与竞争。

点子剧场——宁武子访鲁

卫国的宁武子出使鲁国，鲁文公设宴款待他。席间，鲁文公命乐师演奏《湛露》和《彤弓》两首诗歌。按照当时的礼节，宁武子本应出列辞谢或赋诗回礼，可他却什么也没有做。鲁文公见状悄悄派人询问原因，宁武子回答道:“我还以为刚刚乐师是在练习演奏呢！这两首诗歌是周天子才能用的。我来鲁国是为了延续两国的友谊，承蒙大王赐宴，我又岂敢自取罪过?”

面对鲁文公僭越的行为，宁武子若做出回应，就等于与鲁文公一起违背周礼；若直接批评鲁文公，反倒会得罪对方。因此，宁武子只好选择以“佯装不知”的方式，既维护了周礼尊严，又保全了鲁国颜面。

“藏”的核心在于知而不显、会而不炫、能不压人。“知而不显”是指看穿别人的小心思却不点破，发现他人的错误却不张扬，给彼此留有余地。

“会而不炫”是指不炫耀自己的能力，在别人夸赞时轻描淡写，在需要时精准发力。真正的能力不需要靠声张来获得认可。

“能不压人”是指放低姿态，收敛自己的气场，给别人留出成长的空间。压制他人或许能获得一时的优越感，但给予空间才能赢得长久的尊重。

现代场景应用

在职场上，过早亮出底牌反而容易陷入被动；在社交中，事事较真只会徒增烦恼。保持适度的低调，反而能让周围人感到舒适，也能为自己赢得观察和思考的空间。

思维 561 聚会上，别人侃侃而谈时出现无关紧要的口误，不必主动纠正。

思维 562 聊到自己感兴趣的话题时，除非被直接询问，否则不必表现专业知识或成就。

思维 563 长辈重复讲述自己的往事时，你依然像第一次听那样适时点头，并适时引导：“后来呢？”

思维 564 当朋友争论陈年旧事的细节对错时，如“2008 年奥运开幕式具体日期”，即使记得准确也不加入辩论。

思维 565 面对亲戚已经过时的建议，不抗拒，微笑接纳，及时感谢。

思维 566 当面对公开场合的刁难时，可以这样回应：“您提出的这个视角确实很有启发性，让我有了新的思考。”

思维 567 朋友吹嘘自己时，不要揭穿对方，可以适当捧场。

思维 568 领导在会议上发言有失误，不要当场指正，私下沟通提醒即可。

思维 569 同事在汇报工作时有所遗漏，不打断、不抢话，等对方发言结束后可为其补充。

思维 570 参加跨部门协作会议时，对不是自己负责的领域保持适度沉默，不要对他人提出过多建议。

思维 571 面对领导提问，有时明知答案，也可以将展示机会留给其他人。

思维 572 在功劳面前主动后退半步，比如，在项目成功时说："多亏领导的指导和团队配合。"

思维 573 当同事和你说领导坏话时，你可以假装没听懂某些潜台词。比如，同事暗示领导偏心时，你可以回应："啊？我没太注意这个。"

思维 574 同事分享成就时，可以给予符合时宜的赞赏："真厉害啊，这些细节我从来都没注意过呢。"

思维 575 被问及专业问题时，谦虚表达留有余地。你可以说："这方面我也在持续学习中，目前的理解是……"

思维 576 参加社交活动时，引导他人表现。你可以问："这个很有趣，能详细说说吗？"

思维 577 当同事向你请教经验时，可以这样分享："其实我也是在不断摸索，这几个方法对我挺有帮助的，你可以参考看看。"

藏锋守拙，示弱避锋芒

当你面临的对手远比自己强大时，直接对抗没有胜算，不如收敛锋芒，示敌以弱，用柔韧的方式化解冲突。

点子剧场——青梅煮酒论英雄

《三国演义》中讲述了煮酒论英雄的故事：

刘备投靠曹操时，担心曹操猜忌，便每天闭门不出，专心在院子里种菜。曹操为了试探刘备，特意设宴招待他。席间，曹操问刘备："你觉得现在天下谁算得上英雄？"刘备先后说了袁术、袁绍等人，曹操都摇头否定。

最后曹操盯着刘备说："天下的英雄，只有你和我两个人。"刘备一听，顿时吓得筷子都掉在地上。正好这时天上打雷，刘备赶紧装作是被雷声吓到的样子。曹操见他这么"胆小"，就不再怀疑他。

后来刘备借机向曹操请命去讨伐袁术，终于离开曹操，最终成就了自己的事业。

天下就你我
是英雄。
好大的雷声，
吓我一跳。

面对强势的对手时，主动放低姿态往往能带来意想不到的效果：既能让对方放松警惕，减少对你的防备，又能隐藏自己的真实实力和意图。

这种策略的精妙之处在于，它为你赢得了宝贵的发展时间。在这段时间里，你可以避免不必要的正面冲突，同时暗中观察对方的行事风格和弱点，逐步积累自身优势。等到时机成熟时，便能从容应对，甚至反败为胜。

现代场景应用

有时候，直来直往反而会让自己陷入被动，懂得利用心理博弈，才能在各种社交场合进退自如。

思维 578 刚入职时，不妨放低姿态，偶尔向同事请教些简单问题。这样的“不设防”，能减少一些不必要的隔阂。

思维 579 晋升考核期间，不妨保持低调。即便与同事聊起此事，也不必显得志在必得，稍显从容平和些，能让彼此少些紧张感。

思维 580 向领导提交方案时，不妨有意留出一些可供调整的空间，再以“请您帮忙指点一下”征询意见，既显尊重，也让对方有发挥的余地。

思维 581 夫妻吵架时，在无关紧要的点上主动让步，一句“刚才我语气重了”就可能让剑拔弩张的气氛缓和下来。

思维 582 在社交场合饮酒时，可以这样表达：“我平时酒量有限，不过今天很高兴，愿意陪大家尽兴。”既表明了参与的态度，也为后续适量饮酒做了铺垫。

思维 583 在竞标过程中，可以采取分阶段的策略。前期适当强调预算约束，中期保持审慎观察的态度，待时机成熟时再果断出手。

思维 584 在买车时，可以适当表现出对车辆不太了解的样子，比如说：“这辆车看起来状况不错，不过我对车不太在行，您觉得合理的价格应该是多少？”

思维 585 在和房东谈租金时，可以诚恳地沟通：“目前我的收入确实不高，不知道租金方面能否再优惠一些？”既说明了实际情况，又给协商留下了空间。

思维 586 项目成功时，多强调“这是团队的功劳”，既能让领导放下顾虑，也能赢得同事的认可。

思维 587 想让同事帮忙又怕被拒绝？试试和对方说：“这份报表我遇到些困难，能请你帮忙看看吗？”人都有被需要的心理，适当示弱反而能激发对方的责任感。

思维 588 在社交场合想了解行业信息时，可以用请教的方式：“我对这个领域还不太熟悉，能请教下你们的日常运作模式吗？”以学习者的姿态提问，往往能获得对方热情的分享。

思维 589 竞技场上，前期适当保留实力，让对手卸下防备，到了关键节点再全力施展，往往能更从容地把握局势。

思维 590 新任高管到任初期，可以先以请教的方式了解团队运作，待充分掌握情况并建立互信后，再自然过渡到领导角色。

思维 591 商业竞争合作时，和对手说：“我们小公司资源有限。”等对方轻敌后再展示真实实力拿下合作。

思维 592 投资咨询时可以提问“如果是您会怎么操作”，引导对方分享真实见解。

思维 593 面对公关危机时，首先诚恳回应关切，缓和公众情绪；待事态平稳后，再系统性地澄清事实、修复形象。既体现责任担当，又能最大限度地减少负面影响。

小疵示于人，大谋隐于心

一个人若表现得太过完美，难免会引起他人的戒备；而适当暴露些无关痛痒的小缺点，反倒能让周围人放松警惕，也为自己真正的规划留出更从容的空间。

点子剧场——王翦请田

秦王派王翦率六十万大军攻打楚国。出征前，秦王亲自为王翦送行，王翦趁机向秦王讨要良田、宅地作为封赏。秦王问道："老将军难道担心我会亏待你吗？"王翦解释说："我们这些做武将的，功劳再大也无法封侯，我想现在趁着自己还能报效大王，为子孙置一些产业。"秦王当即应允。

王翦出发后，没过几天，又派人向秦王讨要良田、宅地，前前后后一共派去了五波人。随军副将心中不解，问道："将军这般请求是不是太过分了？"王翦回答说："现在全国的军队几乎都在我手中，大王生性多疑，我表现得越是贪财，大王就越不会猜忌我。他会认为我在意的不过是钱财等小事，没有拥兵自重的想法。"

心理学上有一个"出丑效应"，指的是当一个人偶尔犯小错或暴露小缺点，反而会增强其吸引力，让人感觉更真实、更亲切。这种心理现象源于我们对"真实性"的本能追求——一个愿意展示不完美的人，反而显得更加真实可信。

在运用该策略时，选择暴露的"缺点"须满足三个条件：真实存在、无关紧要、可被接受。比如，工作中的"较真"，社交中的"记性不好"，这些看似是缺点，但并不会影响自身的形象。

现代场景应用

自曝其短的策略，像一种社交润滑剂，能软化初次见面的生硬，缓解紧张，为深入交流创造可能，帮助我们更好地建立和维护关系。

思维 594 在追求喜欢的人时，你可以假装不擅长对方感兴趣的领域，请对方指教，创造教学互动机会。

思维 595 在与伴侣发生争执后，可以这样说："我刚才确实有些考虑不周……"主动承认一些无关紧要的小问题，往往能让紧张的气氛缓和下来。

思维 596 教育孩子时，你可以说："爸爸小时候考试也经常不及格，后来每天晚上都努力，这才赶上来。"用"自身经历"替代说教，更容易让孩子接受。

思维 597 在陌生的社交场合，不妨试着不经意间说错个常识性的小细节，往往能自然引出对方的纠正，由此开启轻松的互动。

思维 598 在推销学习课程时，可以强调产品的限制条件，如"这个课程有一点不好，必须每天练习一小时才有效果"，以此劝退非目标客户，提高成交率。

思维 599 在做房地产销售介绍房源时，可以主动提及问题，如"这间户型方正，但朝北的卧室冬天会有点儿冷"，精准筛选客户，避免后期纠纷。

思维 600 在推销产品时，主动提及无关痛痒的产品缺陷，如"这款设备运行很稳定，就是外观设计比较传统"，以"小缺点"塑造自己实诚的形象。

思维 601 当客户需要产品推荐时，可以这样中肯地分析，比如："这款沙发的面料舒适度很好，不过白色系的面料在日常清洁上确实需要多些注意，如果您比较在意打理方便，可以考虑这款深色系的。"

思维 602 在网络营销的文案创作中，可以适当提及产品的某些非核心不足之处，增强内容的真实感。

思维 603 在开协作会议时，可以说："这个数据我可能算得不够准，大家帮忙看看？"引导同事参与讨论，同时收集多方意见。

思维 604 汇报工作时，不妨主动说一句："我经验还不太足，这个方案或许还有不够完善的地方。"先轻轻调低领导的预期，之后更易获得认可。

思维 605 提意见时先说“可能我想得不够全面，但我觉得这个方案可以优化……”，让建议更容易被接受。

思维 606 同事求助时，可以回应“我上次也搞砸过，不过可以试试这样……”，用“共同弱点”拉近距离，增强信任感。

思维 607 谈合作时，可以强调“我们规模小，但服务更灵活”，用“小”表达“性价比高”的优势，突出差异化竞争力。

思维 608 在约会时，可以轻松地聊到：“我的厨艺确实不太拿手，目前还在学习中。”这样的分享既展现了真实的一面，又不会给对方造成过高期待。

思维 609 在结束一段感情时，可以真诚地说：“感谢我们曾经的相遇，祝你未来一切都好。”

成大事者，能屈亦能伸

人生理想的状态，是学会包容不如意，坦然面对委屈，勇敢承担压力。不必过分拘泥于眼前的得失，而应将目光投向更长远的发展。

点子剧场——唾面自干

唐朝时，娄师德担任宰辅，他的弟弟被提拔为代州刺史。临行前，娄师德问弟弟："如今我是宰辅，你是刺史，陛下给你我兄弟二人的这份恩宠难免会招来他人的嫉妒。如果有人故意挑衅你、攻击你，你该怎么做？"

弟弟回答道："从今往后，即使有人吐我一脸口水，我也不会还嘴，把口水擦去就是了。你大可不必为我担心。"

娄师德闻言，摇了摇头，说道："这恰恰是我最担心的。别人向你吐口水，是为了侮辱你，如果你将口水擦干，说明你对他不满。人家没有达到目的，自然不肯罢休。因此，你最好的办法就是让脸上的口水自己干掉。"

忍耐并非懦弱，而是一种清醒的权衡。它要求人跳出当下的情绪漩涡，看清矛盾的本质。当我们以"自干"的坦然消解对方的攻击欲，既是给他人留台阶，更是为自己辟坦途。

现代场景应用

当你感到委屈时可以告诉自己，你不是在忍耐，而是用更成熟的方式应对挑战，此刻所有的痛苦都是为了达成更大的目标。

思维 610 团队里有关系户员工混日子，不必找他麻烦，尽量把琐碎的活儿分配给他，核心工作交给靠谱的人。

思维 611 在职场发展初期，面对普遍存在的加班文化，可以将其视为一个阶段性历练，快速积累实战经验后，再考虑更适合自身发展的工作机会。

思维 612 领导说"好好干，明年给你升职"，但一直没兑现，若暂时没有更好的选择，应尽量和领导保持良好关系，暗中寻找新的机会。

思维 613 合作方迟迟不结款，催了还被说"急什么，又不会跑"，尽量安抚对方，但下次合作时提高定金比例，或更换靠谱的合作方。

思维 614 领导在会议上点名批评你，即使问题不全在你时，也不要当场顶撞对方，可以私下找领导沟通，解释清楚。

思维 615 聚会上有人讽刺你“当年你成绩那么好，现在怎么混成这样”，如果你不想破坏气氛，可微笑回应：“是啊，我得多跟你学习！”

思维 616 朋友当众调侃你“工资低”，可用自嘲化解：“是啊，因此得靠你们多请客！”

思维 617 当同事的失误引发问题却推诿给你时，可以优先处理危机，待问题解决后，再用具体的数据或事实依据向领导说明情况。

思维 618 找人帮忙时，即便对方言语中带着轻视，也不必当场较真。可以适时捧几句，比如夸对方路子广、办法多，先把事情办妥。

思维 619 遇到亲戚借钱迟迟不还，还理所当然觉得“你不差这点钱”的情况，可以先好言沟通，比如提到自己最近也需要用钱，希望对方能体谅。避免父母在中间为难。

思维 620 饭局上遇到长辈教育“年轻人该如何如何”时，可以先肯定对方的观点，然后顺势请教：“听说您年轻时也经历过这些，当时是怎么处理的呢？”把单向说教变成双向交流。

思维 621 闺蜜总是炫耀自己的男朋友给她送了哪些礼物，你可以大方称赞她慧眼识人，值得被这般关爱。

思维 622 当亲戚来家里做客时评头论足，说“装修太差”或“家具不如我家的”，你可以幽默地回应：“早知道您眼光这么好，当初真该请您来当参谋的！”

思维 623 伴侣因压力大对你发脾气，你可以先倾听，等对方冷静后再沟通，避免火上浇油。

思维 624 孩子叛逆期顶嘴、不听话，你可以多与他们沟通，让孩子感受到被理解的同时，也明白行为的界限。

说话温和但坚定，言辞柔软却有力

人际交往贵在互相留颜面，锋芒太露反而容易坏事。会说话的人，都善于用温和的言辞传递坚定的立场，做到柔中带刚。

点子剧场——晏子论罪

春秋时期，烛邹负责为齐景公养鸟，却不小心让鸟飞走了。齐景公一气之下决定杀掉烛邹，晏子见状劝解说：“大王，烛邹有三大罪状，请让我当面细数他的罪状再杀掉他。”齐景公当即应允，命人将烛邹押解至二人面前。晏子对烛邹说道：“你替大王养鸟却让鸟跑了，这是第一大罪；你让大王因一只鸟而杀人，这是第二大罪；一旦诸侯们听说了这件事，必定会认为大王重视鸟而轻视人才，这是第三大罪。”晏子说完，便请求齐景公杀掉他。齐景公听出了晏子的言外之意，当即向晏子道歉，并释放了烛邹。

人们天生就不爱听直白的批评，但如果是带着善意的建议，往往更容易被接受。就像我们吃药时，裹着糖衣的药片总是更容易下咽——药效不变，但感受好多了。

这种表达方式有个很大的好处：它给你留足了进退的空间。如果对方是个明白人，说到三分他就懂了；要是他装糊涂，再慢慢把话挑明也不迟。整个过程自然又从容，既达到了目的，又不会伤了和气。

现代场景应用

打动人心的话，往往是用温和的方式说出来的。当你能用优雅得体的方式表达想法时，既能保持融洽的谈话氛围，又能让对方更好地理解你的立场。

思维 625 当被人用言语冒犯时，你可以说："你平时和别人说话也是这种风格吗？挺特别的。"用不带情绪的评价让对方自省。

思维 626 当有人故意挑你欺负时，可以这样回应："你对其他人也这样吗？还是说只对我'特别关照'？"用轻松的语气点破对方的区别对待。

思维 627 当有人公开质疑你的观点时，可以这样回应："我很想了解不同的看法，能请您具体说说您的建议吗？"以谦逊的姿态引导对方具体阐述。

思维 628 当有人试图用道德压力让你妥协时，你可以说："你这么善解人意，一定能理解我的难处。"

思维 629 当有人含沙射影，指责你时，你可以说："你这个说法挺有意思的，能展开说说吗？"

思维 630 当别人推卸责任时，你可以说："看来我们需要复盘一下流程，避免下次再出现这种误会。"表面改进流程，实则明确责任归属。

思维 631 当你的方案被提出质疑时，可以这样说："您的建议很有启发性。为了更好地统一标准，能否请教下，这类问题在您之前的项目中是如何处理的呢？"

思维 632 当客户要求降价时，可以这样回应："您提出的价格我们可以考虑，不过需要跟您说明的是，如果按照这个预算，我们可能需要在一些方面进行调整。您看这样可以接受吗？”

思维 633 当亲戚请求帮忙介绍工作时，可以这样说：“您家孩子确实很优秀。不过最近公司招聘名额有限，可能暂时没有合适机会。如果需要的话，我可以帮忙看看简历，给些求职建议。”

思维 634 被前同事打探现公司机密时，你可以说：“感谢您对我们公司的关注。不过这些信息可能不太方便讨论，我们还是聊聊别的吧。”

思维 635 被老员工安排额外工作时，你可以说：“我很想帮您，不过手头还有三个紧急任务，您看哪个优先级可以调整一下？”

思维 636 当领导提出不切实际的想法时，可以说：“这个方案很有创意，但建议先请市场部提供相关数据支持，这样我们可以更全面地评估实施条件。”

思维 637 当同事推卸工作时，可以这样沟通：“这个项目需要明确分工才能高效推进。建议我们一起梳理下各自负责的具体内容，您看这样可以吗？”

思维 638 当朋友频繁炫耀自己优越的生活时，可以这样回应：“看到你能这么享受生活真好，我们这些为生活奔波的，确实很难这么轻松。”

思维 639 当他人过分打探私事时，可以这样回应：“感谢关心，不过这些属于个人隐私，不太方便讨论。”

思维 640 当客户提出不合理的要求时，你可以说：“我们会尽量满足您的要求，但有些内容可能需要调整预算。”

第九章

借势做局：四两可拨千斤

借他人威势，显自身“气场”

一个人的力量往往是有限的，但如果能懂得借助他人的经验和力量，就能帮助自己提升获取资源的能力，进而提高成功的概率。

点子剧场——商山四皓

刘邦登基后将刘盈立为太子，但刘盈生性仁慈懦弱。反观戚夫人所生刘如意，长相酷似刘邦，自幼聪明过人，深得刘邦喜爱。为此，刘邦打算废黜刘盈，改立刘如意为太子，不过因遭到群臣反对而暂时搁置。皇后吕雉为保全刘盈，命人向张良问计，张良说道：“商山四皓是陛下求而不得的贤人，太子若能将他们四人请出山，地位自然稳固。”吕雉依计行事，将商山四皓请了来。

在一次宴会上，刘邦发现刘盈身后跟着四个老人，便开口询问他们的来历。在得知对方是商山四皓之后，刘邦认为太子羽翼已丰，改立太子很可能会引起时局混乱，便放弃了改立太子的想法。后来，刘盈顺利登临帝位。

借势的关键在于判断哪些力量能真正为你所用，通常来说可借之势包括权威人士的背书、强势平台的流量，以及社会趋势的红利等。但借势过程中需要注意自我实力的提升，将借来的威望转化为自身成长的养分，通过与行业人士的合作积累经验，通过参与重要项目建立口碑，最终形成自己专业威望。

现代场景应用

无论在生活中，还是在职场上，识别并借助强者的影响力，往往能让你做起事来事半功倍。

思维 641 在推动项目时，借用高层权威，你可以说：“这个方案是CEO（首席执行官）上次开会强调的方向，我们必须优先执行。”

思维 642 争取资源时，借用专业部门背书，你可以说：“市场部的数据分析显示，这个渠道ROI（投资回报率）最高，建议增加预算。”

思维 643 说服同事配合时，借用共同信任的权威人物，你可以说：“张总也认可这个流程，咱们按这个来？”

思维 644 在介绍护肤品时，可以这样说：“这款产品最近在美妆圈很受欢迎，很多护肤达人都推荐过，使用反馈都很不错。”

思维 645 在与客户谈合作时，可以这样介绍：“这套系统在国内多家知名企业都有成熟应用，运行稳定性经过了充分的验证。”

思维 646 当客户质疑产品质量时，你可以借用第三方权威机构：“这是SGS（一家被广泛认可的检验、鉴定、认证机构）认证的检测报告，安全性您可以放心。”

思维 647 当客户对下单有所犹豫时，可以这样介绍：“这款扫地机器人在××平台口碑很不错，是热销产品，很多用户反馈使用体验很好。”

思维 648 在实体店购物时，可以这样和商家商量：“这款商品最近有什么优惠活动吗？我朋友上周来买好像还享受了折扣呢。”

思维 649 推销学习课程时，你可以说："清华附中的老师都推荐这个编程课，对逻辑思维帮助很大。"

思维 650 邻居乱堆杂物时，你可以说："物业新规写明楼道不能放杂物，咱们别让居委会为难。"借用规章制度劝说邻居。

思维 651 当父母总是吃剩菜时，可以这样提醒："专家说隔夜饭菜营养流失比较多，而且含有较多的亚硝酸盐。咱们一起吃新鲜的更健康。"

思维 652 劝家人运动时，你可以说："医生建议每天走 6000 步，对心血管特别好，您没事就多运动。"

思维 653 教育孩子时，你可以借用老师的权威："数学老师说，每天做 10 道口算题能提高成绩，你要不要试试看？"

思维 654 借用孩子喜欢的角色，帮孩子养成习惯，比如："你看《小猪佩奇》里，乔治也自己收拾玩具。"

思维 655 推荐餐厅时，你可以借用节目的权威性说："这家火锅店上过《舌尖上的中国》，很火的。"

思维 656 借用官方媒体，劝朋友改变不好的生活习惯，你可以说："《人民日报》都发文说熬夜危害特别大，你可得注意了。"

静观其变，谋定而后动

在复杂的利益关系中，高明的做法往往不是直接参与竞争，而是善于借势——通过协调或引导各方关系，让自己在保持低调的同时获得最大优势。

点子剧场——卞庄子刺虎

战国时期，韩、魏两国爆发了大战，双方对峙一年之久。秦惠文王见状打算介入这场争斗，便向陈轸问策。陈轸说道："大王可曾听过卞庄子刺虎的故事？他准备杀死两只恶虎，当他见到这两只恶虎时，它们正在啃食一头牛。旁人劝他不要着急，两只老虎肯定会因这头牛打起来，届时只需刺杀伤虎，即可一举两得。如今韩、魏两国交战，您只需要等他们两败俱伤的时候，再出兵讨伐他们，就一定能获利。"

秦惠文王闻言暂缓了行动。等韩国战败，魏国元气大伤的时候，秦国趁势出兵，轻轻松松就抢占了很多城池。

在商业合作中，想要借助多方关系实现共赢，需要把握三个关键：敏锐观察、智慧引导和精准介入。当合作方存在竞争关系时，可以通过策略性地调控资源分配，自然激发各方的积极性。在这个过程中，适度的信息保留和节奏把控，往往能让各方展现出更大的合作诚意。

现代场景应用

善用局势的智慧能帮助我们事半功倍，这种智慧的核心在于：洞察各方关系，把握关键信息，在恰当的时机促成良性互动。

思维 657 当你同时获得两家公司的录用通知时，可以委婉地表示："另一家公司提供的待遇很有竞争力。"给当前公司留下调整空间。

思维 658 在恋爱中，向对方暗示自己还有其他追求者，可以使对方产生紧迫感，对自己更加在意。

思维 659 遇到健身房销售推销业务时，可以说："我目前正在比较几家健身房，您这里的设施很不错，不过另一家的地理位置对我更方便些。不知道这里有没有什么特色服务可以介绍一下？"

思维 660 在二手交易平台销售商品时，可以说："目前已经有买家出价，如果您感兴趣的话，可以给出您的心理价位。"

思维 661 在团队管理中，明确每个人的发展路径，让大家都清楚：通过提升专业能力和团队贡献，每个人都有成长的机会。

思维 662 在项目管理中，可以考虑让两位核心成员协作负责重要任务，通过优势互补和良性竞争，更出色地完成工作。

思维 663 在团队管理中，真诚地发现并肯定每个成员的特长，帮助每个人找准定位，让团队优势互补，共同进步。

思维 664 帮助成员客观认识自身优势与发展空间。可以对A说："你在客户维护方面做得很好，如果在业绩上再加把劲会更好。"对B说："你的业绩表现很出色，继续拓展客户资源会让你的成绩更全面。"

思维 665 在团队管理中，可以定期评选表现突出的成员作为榜样，比如设立"月度之星"的认可机制。

思维 666 适时引入优秀人才可以为团队注入新活力，同时也为老成员提供学习和成长的新契机。

思维 667 在项目管理中，可以适时提醒团队："这个项目其他部门也在关注，我们要继续发挥专业优势，确保项目顺利推进。"

思维 668 可以这样肯定员工的付出："感谢A同事近期为项目投入的大量时间和精力。同时，我们更鼓励大家注重工作效率，在保证工作质量的前提下，合理安排工作时间。"

思维 669 遇到多位客户邀约时，可以这样沟通："目前档期比较紧张，如果您对这个项目有意向，我们可以进一步讨论具体的合作方案和时间安排。"

思维 670 在提升团队业绩时，可以设立目标，每位达成目标的成员都能获得相应奖励。

思维 671 在家长群分享信息时，可以这样说："与各位家长分享一个不错的活动，目前已经有不少班级参与。如果咱们班也有兴趣的话，可以一起了解下团体报名的相关优惠信息。"

思维 672 与品牌合作时，可以这样说："根据市场行情和内容价值，希望能达成双赢的合作方案。"

知人所欲，因势利导

沟通高手从不强行说服他人，而是帮助对方发现自己内心真正的需求，然后在恰当的时机提供解决方案。当一个人感到自己的渴望被理解、选择被尊重时，他会发自内心地做出决定——这恰恰是说服最理想的状态。

点子剧场——姑侄与子母孰亲

武周时期，武承嗣、武三思等宗亲为了谋求太子之位，多次派人提醒武则天：自古以来，没有天子会让异姓来做继承人的，若想延续武周江山，只能靠武氏的子侄。

当朝宰辅狄仁杰听闻消息后，对武则天说道：“姑侄和母子哪个更亲近？如果陛下传位给自己的儿子，千秋万岁之后，您将被供奉在太庙里。如果您传位给侄子，我可从来没有听说侄子当了天子，会将自己的姑姑供奉在太庙里。”武则天听后不再犹豫，暗中将李显接回洛阳，并将他立为皇太子。

每个人都有自己在意的事物，找到这个连接点，沟通就会水到渠成。

现代场景应用

人的行为背后，都藏着未被满足的欲望。有人渴望被尊重，有人追求安全感，有人贪图即时快乐。说服的艺术，在于准确识别这些隐藏的驱动力。

思维 673 在酒局上不想喝酒时，可以这样说：“最近医生特意叮嘱我要注意饮食，今天实在不能陪大家喝了，你们尽兴。”

思维 674 当需要同事协助额外工作时，可以这样沟通：“这个项目很需要你的专业经验来把关，完成后对你的能力展现会很有帮助。”

思维 675 与商家沟通价格时，可以这样表达：“我是店里的常客，经常带朋友过来，不知道是否可以给个折扣价？”

思维 676 向领导申请弹性办公时，可以这样交流：“上个月尝试居家办公的模式，感觉能更高效地完成需要深度思考的任务。”

思维 677 和室友商量聚会安排时，可以这样沟通：“这周末有几个校友要来家里聚聚，他们都是同行，你要不要也一起来聊聊？”

思维 678 说服父母不要“催婚”时，你可以说：“最近在接触几个不错的对象，但您总说结婚要慎重，因此我得多观察段时间。”用他们的原则反制他们的催促。

思维679 鼓励朋友坚持健身时，可以这样说："教练提到你的体脂率下降很明显，照这个进度继续锻炼，很快就能看到更好的效果。"

思维680 向领导建议新方法时，可以这样说："目前行业里这个方法的应用效果不错，我们可以结合公司实际情况，进一步优化实施。"

思维681 与邻居协商车位调整时，可以这样沟通："我们这边有个车位调整的想法，对您停车会更方便些，您觉得怎么样？"

思维682 说服长辈使用智能手机时，可以这样引导："有了智能手机，您就能随时看到孙子学走路的视频，比看照片更真切，孩子们也能经常看到您。"

思维683 当向领导申请假期时，可以这样沟通："这段时间的工作告一段落，想申请下周休几天假调整状态，回来后可以更专注地推进季度重点工作。"

思维684 当看到长辈转发存疑信息时，可以这样关心："有些平台的内容还需要核实，要不我们一起查查官方的报道？"

思维685 当需要同事帮忙代班时，可以这样说："这周五的晚班我有急事，能麻烦你帮忙换一下吗？下次你需要调休的时候随时找我，互相照应。"

思维686 客户提出降价要求时，可以这样回应："这是我们为VIP客户提供的专属价格体系。如果您感兴趣的话，我可以为您详细介绍VIP会员的权益和升级方式。"

思维687 拒绝朋友借钱时，可以这样说："我最近的钱都投在定期理财里了，取的话损失会挺大的。"用客观条件的限制，让对方明白你的难处。

思维688 争取资源时，不妨借助人们的从众心理，用"大家都在关注"这样的暗示来表达。

观势乘时，巧达己所求

人与人之间难免会有一些或明或暗的分歧与互动，若能看清这些分歧的本质，在彼此的相处中找到恰当的平衡点，往往能让事情更顺利地朝着自己期望的方向发展。

点子剧场——苏代说范雎

长平之战后，白起率领秦军势如破竹，一举歼灭赵国四十万精锐，继而挥师东进，直指赵国都城邯郸。赵国存亡时刻，谋士苏代自告奋勇前往秦国游说。

苏代见到秦国丞相范雎后，意味深长地说道："白起长平一战立下不世之功，如今您的地位在他之上，将来恐怕就不好说了。"范雎闻言神色微动，问道："先生有何高见？"苏代回答："赵国元气大伤，灭亡只是时间问题。您不妨劝说秦王暂时与赵国议和，夺了白起兵权，这样您的地位就稳如泰山了。"

于是，范雎向秦王进言："秦军劳师远征，将士疲惫，不如暂缓攻势，让赵国割地求和。"秦王权衡利弊，采纳了范雎的建议。就这样，赵国的灭国危机在苏代的三寸不烂之舌下化解。

任何冲突都包含着表象与深层原因——表面的意见分歧可能源自价值观

的不同，深层则是隐性的利益格局与心理动因。真正敏锐的观察者，能透过纷争的表象，洞察各方的核心诉求与底线所在。

在矛盾中把握机遇，需要保持清醒的中立立场。既不轻易倒向任何一方，又与各方维持必要联系。当竞争对手陷入胶着时，往往就是最佳的介入时机。

现代场景应用

在生活中，要善用既有的矛盾结构，让他人的冲突转化为自己的机会。

思维 689 在商务洽谈中，可以这样表达："我们对比了几家合作方，贵司在专业度和服务品质上确实更胜一筹。如果能在合作细节上再做些优化，相信我们能很快达成共识。"

思维 690 当需要请托帮忙时，可以这样说："这个问题确实比较棘手，大家都推荐说您在这方面最有经验，所以特地来向您请教。"

思维 691 请同事帮忙时，提及对方的竞争者，比如："本来想找他来做，但您做事更细致，这活儿交给他我不放心，您能帮我一下吗？"

思维 692 当需要资金周转时，可以这样沟通："最近遇到些资金上的困难，您一向为人爽快，不知道方不方便临时周转一下？"

思维 693 想请伴侣下厨时，可以这样表达："最近特别想念你做的饭菜，那个味道外面餐厅都比不上，有空可以再做一次吗？"

思维 694 向老师请教时，可以这样沟通："您讲课条理清晰，孩子特别喜欢听您的课。"

思维 695 想让朋友请客时，可以幽默地说："听说最近有人要请我吃饭，该不会就是你吧？"

思维 696 当需要邻居配合时，可以这样沟通："您一向通情达理，想和您商量个两全其美的办法。"

思维 697 鼓励团队提升工作效率时，可以这样沟通："最近项目进度比较紧张，大家可以根据各自情况，合理安排工作时间，确保任务保质保量完成。"

思维 698 在提醒朋友还款时，可以这样委婉表达："最近理财出了点状况，突然想起之前那笔借款。你这边要是方便的话……"

思维 699 鼓励孩子时，可以这样说："这件事你一定能做得很好，要不要试试看？"

思维 700 让父母同意自己的要求时，你可以说："朋友的爸妈都同意了，您一向开明……"

思维 701 帮助长辈接触新事物时，可以这样鼓励："您这么聪明肯定学得快，我先教您几个简单功能，很快就能上手。"

思维 702 邀请朋友聚会时，可以这样说："周末的聚会特别希望你能来，有你在气氛一定会更好。"

思维 703 在与合作伙伴商谈合作条件时，可以这样沟通："目前行业普遍采用这种方式，考虑到我们长期的合作关系，不知道是否也可以调整？"

思维 704 当需要伴侣分担家务时，可以这样沟通："我们轮流打扫卫生的安排你觉得怎么样？"

善借天下力，撬动万钧山

真正的能力不在于独占多少资源，而在于能否善用周围的一切助力。懂得借力使力、集思广益、顺势而为，方能在应对挑战时从容自若。

点子剧场——草船借箭

《三国演义》中讲述了草船借箭的故事：

赤壁大战前，周瑜故意刁难诸葛亮，要求他在十日之内赶制十万支箭。诸葛亮非但没有推辞，反而立下军令状，承诺三日即可完成。

他请鲁肃准备二十艘轻舟，船上遍扎草人，各配三十名士卒。深夜，长江上浓雾弥漫。诸葛亮邀请鲁肃登船，命船队直逼曹军水寨，擂鼓呐喊。曹操听到声响非常震惊，却因大雾弥漫不敢出战，只好令弓箭手万箭齐发。转瞬间，草船上的草人便插满箭矢。等天亮雾散，诸葛亮早已满载而归，不费一兵一卒便完成了看似不可能完成的任务。

原来，诸葛亮接令时便已算定三日后的天象。他深知曹操多疑的性格，故施此计，借天时、地利、人和，以智取胜。既化解了周瑜的刁难，又充实了吴军箭矢。

借力思维的本质是对环境力量的理解与运用。具备借力思维的人能准确判断哪些趋势正在兴起，哪些资源尚未被充分利用，哪些人的能力可以互补。这种认知是通过持续观察、分析和验证培养出来的能力。

借力思维需要掌握三个关键步骤：首先是识别机会，发现那些被他人忽视的可借用力量；其次是建立连接，将自己有限的资源与环境中的力量源创造性地结合起来；最后是精准发力，在最恰当的时机以最小的干预引发最大的连锁反应。

现代场景应用

学会向世界敞开双臂，借所有可用之力，帮助我们在工作和生活中更加游刃有余。

思维 705 想升职但直属领导不推荐时，可以设法参与其他部门的重点项目，让更高层领导看到你的能力。

思维 706 想追女生但不敢直接表白时，可以通过她的闺蜜或室友了解她的喜好，制造“偶遇”的机会。

思维 707 新房装修预算不足时，可以表示愿意让自家作为样板房，换取材料折扣。

思维 708 想创业缺少启动资金时，可利用短视频平台流量，先做创业过程记录账号，积累粉丝后吸引投资人关注。

思维 709 想健身却请不起私教时，固定时间去锻炼，多与健身达人交流，主动请教。

思维 710 小区物业不作为时，可以联合业主群中的活跃分子成立监督小组，督促物业。

思维 711 想买限量款球鞋时，可以在大学生兼职群里，雇几个学生帮忙线下排队，成本远低于黄牛价。

思维 712 餐厅等位太久时，可以向等位区其他顾客主动提议拼大桌，能提前入座还能结交新朋友。

思维 713 旅游景点人挤人时，可以向当地老人打听“非热门但很地道”的景点或美食。

思维 714 想学新技能但课程太贵时，可以加入相关社群，主动帮“大V”整理资料或运营账号，换取免费指导。

思维 715 房租太高时，找转租或长租空档期，和房东协商短租降价，或合租分担成本。

思维 716 简历石沉大海时，在相关平台或行业社群里主动给目标公司员工点赞、评论，熟悉后求内部推荐的机会。

思维 717 想买高性价比二手货时，关注搬家甩卖或公司清仓，往往能低价淘到优质物品。

思维 718 机票太贵时，关注航空公司的“错误票价”或积分兑换活动，用低成本实现旅行。

思维 719 个人品牌难起步时，蹭热点事件发表独特观点，借助流量快速扩大影响力。

思维 720 创业初期没钱打广告时，找行业KOL（关键意见领袖）合作“测评”或“探店”，用产品置换曝光。

第十章

破局而出：变通是“逆袭”、进化的利器

改人若不成，转念修己身

很多人常常执着改变他人的观念，可事实上，真正可控的变量只有我们自己。当无法改变外界时，自我调整是新的生存思路。

点子剧场——不为五斗米折腰

东晋时期，陶渊明特别讨厌官场上那些拍马屁、勾心斗角的事。他本来已经辞官回家，但为了生活，在朋友的介绍下又出来做官，先是在大将军刘裕手下当参军，后来又去彭泽县当县令。

有一天，上级派来的督邮要来检查工作。陶渊明正在院子里悠闲地作诗，听说这事很不高兴。手下提醒他：“大人，您得穿好官服去迎接，不然会得罪人的。”陶渊明一听就火了：“我怎么可能为了这点工资，去向那种小人点头弯腰！”

说完，他直接把官印往桌上一扔，写了封辞职信让手下转交，头也不回地走了。这个县令才当了 83 天。从此，他彻底隐居乡下，专心种地写诗，再也没当过官。

同样的事情，不同的解读方式会产生截然不同的情绪反应。当别人做出令我们不悦的行为时，我们可以将其视为恶意针对，也可以理解为对方

有其不得已的苦衷；可以将差异看作冲突的源头，也可以当作拓宽自己视野的机会。这种思维转换是拓展心理韧性的过程。随着认知框架的调整，许多原本令人困扰的人际问题会自然消解。当自己的心态改变时，你眼中的世界也随之改变。

现代场景应用

强迫他人改变，就像试图用一把钥匙打开所有的锁，既不可能也不合理。认识到这一点，就是自我改变的开始。

思维 721 父母过度节俭总是舍不得扔掉过期食品，你可以每周帮他们整理冰箱，把临期食品做成便当。

思维 722 同事总忘记回复工作邮件，你可以在邮件标题上加“需确认”和截止日期，重要事项改用企业微信 @ 提醒。

思维 723 父母总转发养生谣言，你可以订阅正规健康账号，定期转发给他们“专家最新说……”。

思维 724 父母总拿你和别人作比较，你可以提前准备几个自己的“小成就”，在他们比较时自然引出，转移焦点。

思维 725 朋友聚会总是你买单，在下次聚会时你可以直接提议 AA 制，或者说“这次我来，下次换你”，平衡付出。

思维 726 纪念日伴侣总忘记准备礼物，你可以提前几天暗示或分享喜欢的物品链接，降低对方“忘记”的概率。

思维 727 朋友总是传播“负能量”，聊天时你可以主动引导话题到积极方向，比如“最近有什么开心的事吗”。

思维 728 家人总否定你的决定，你可以用数据和事实支持自己的选择，比如“我查过资料，这个方案的成功率更高”。

思维 729 网友不合理的评论，不争论，回复“谢谢你的观点”或直接忽略，避免消耗情绪。

思维 730 亲戚爱比较收入，你可以模糊回应：“还行，够用。”然后反问对方孩子的近况，转移话题。

思维 731 同事爱占小便宜，你可以明确界限，比如“这份资料是我个人整理的，如果你有需要，我可以教你方法”。

思维 732 朋友爱抬杠，你可以用幽默化解：“你说得对。”避免陷入无意义的争论。

思维 733 健身房有人占着器材但是在玩手机，你可以礼貌询问：“请问还有几组？我们可以交替使用吗？”既提醒对方，又保持友好。

思维 734 邻居的宠物随地大小便，你可以在小区群中发“文明养宠倡议”，或私下送宠物拾便袋进行善意提醒。

思维 735 家人干涉你的育儿方式，你可以拿出权威育儿书或专家视频，说：“医生说这个方法更适合孩子现阶段。”

思维 736 小区里有人乱停车堵路，你可以拍照发到业主群，呼吁“文明停车”，或联系物业加强管理，避免个人的正面冲突。

避其锋芒，另辟蹊径

有的人习惯将坚持与放弃、前进与后退看作非此即彼的选择，却忽略了中间地带的无限可能。真正的智者懂得在进退之间找到动态平衡，在坚持原则的同时灵活调整策略。

点子剧场——杯酒释兵权

公元 960 年，赵匡胤在陈桥驿被属下们拥立称帝，建立宋朝。赵匡胤登基后担心手下大将效仿自己，发动兵变篡位。于是，他在宫中设宴款待石守信、高怀德等大将。席间，赵匡胤叹道：“若非你们拥戴，朕岂能当皇帝？但天子之位，谁不想要？”众将急忙跪地，连表忠心，说道：“如今天命已定，谁敢有二心？”赵匡胤反问：“若有人也给你们黄袍加身，如何拒绝？”众将皆沉默不语，随后请赵匡胤为自己寻一条出路。赵匡胤建议说：“人生短暂，不如多积金帛田宅，享乐一生。君臣无猜，岂不美哉？”第二天，众将纷纷请辞，将兵权交回到赵匡胤手中。

我等愿意交
出兵权。

培养绕道思维需要日常的自我训练。可以先从改变固定习惯开始，尝试用不同方法完成日常事务；遇到阻碍时先不急着强攻，而是静心寻找其他可能性；定期审视自己的行为模式，警惕思维定式的形成。久而久之，这种灵活应变的智慧就会成为我们面对复杂世界的生存本能。

现代场景应用

生活中许多看似无解的难题，其实换一个角度就会豁然开朗。这种思维弹性可以让你未来的路充满机遇。

思维 737 被领导当众批评时，你不要当场反驳，先暂时接受，事后再向领导解释。

思维 738 被插队时，你可以向对方礼貌施压：“请问您是有什么紧急情况吗？”

思维 739 遇到有“路怒症”的司机时，关窗无视对方，避免升级为肢体冲突，如有危险和损失，记录对方车牌，用法律手段维护自身利益。

思维 740 讨厌父母的唠叨，可以每周固定时间打电话分享近况，并在父母唠叨时及时转移话题。

思维 741 当遇到孩子在公共场合吵闹时，可以这样对孩子的家长说：“您家孩子真活泼可爱！不过这里人来人往，为了安全起见，可能需要稍微注意一下活动幅度。”

思维 742 当朋友总是迟到时，你可以选择约在他家附近，并幽默提醒：“要是再迟到，我可要上去敲门啦！”

思维 743 当邻居家装修，制造噪声时，你可以上门询问施工时间，积极与对方沟通：“家中有老人和孩子休息，能不能避开中午这段时间？”对方大概率会配合。

思维 744 当另一半沉迷游戏时，不要问“游戏重要还是我重要”，可以选择和对方一起玩，或者为对方设定规则，比如玩多长时间。

思维 745 当朋友借钱不还时，不要威胁对方，可以给对方一个暗示：“最近要交房租，方便先还一部分吗？”以保全关系，促进还款。

思维 746 当同事将工作推给你时，你可以说：“我手上已经有三个紧急任务，您看哪个优先？”

思维 747 当餐厅上菜太慢时，你可以关切询问：“您好，请问我们的菜品开始准备了吗？如果还没做的话，我们想换一道制作更快的菜品，您看可以吗？”

思维 748 在小区中遇到遛狗不牵绳的业主，你可以关心：“最近小区里有偷狗贼，您还是牵绳遛狗比较安全。”

思维 749 当遇到出租车司机绕路时，你可以提醒对方：“师傅，导航显示这条路更近。”

思维 750 坐高铁遇到换座请求时，你可以说：“我容易晕车，这个座位是特意选的。”

思维 751 遇到不想参加的邀约，对方又分外热情时，你可以说：“真不巧，我那天要带家人体检。”

思维 752 当他人提出不太合理的请求时，可以这样回应：“这个问题确实很重要，不过由专业机构来处理会更妥当。”

绝处逢生路，劣势转契机

每件事物都像一枚硬币，总有两面性。当我们学会换个角度看问题，就会发现那些看似困扰的限制里，往往藏着意想不到的价值。

点子剧场——皇甫谧学医

皇甫谧生母早亡，自幼被叔父抚养长大。他自幼贪玩，不爱学习，直到20岁时依旧游手好闲，后经叔母任氏的劝诫，开始发奋读书，并尝试撰写史书。

42岁时，皇甫谧患上了严重的风痹症，行动困难，不得不卧床治疗。为了减轻自身痛苦，皇甫谧决定钻研医学，潜心研究针灸技法，也正因无法下床，反而让他有了大量安静的时间专注于案头研究和思考，无需再参加应酬和出仕。同时，他作为病人，通过在自己身上反复试验，对针灸的效果、禁忌、针感有了很深的理解，最终著成了《针灸甲乙经》。

将劣势转化为优势需要三个关键步骤：首先是停止用主流标准简单评判，认识到所谓优劣只是相对概念；其次是深入分析这些特质的内在特性，找出其潜在的积极面向；最后是寻找或创造能够发挥这些特质价值的具体场景。

现代场景应用

逆向思维是对事物本质的重新审视。当我们学会转动视角，那些原本被视为障碍的特质，常常会显露出令人惊讶的另一面。

思维753 因学历求职受阻，你可以用自己的作品、自媒体账号等项目代替文凭，强调“我的经验来自实战而非课堂”。

思维754 介绍老房源时，可以这样引导：“您看这些梧桐树和铸铁阳台，都是当年的经典设计，这种建筑风格现在很难再见到，别有一番韵味。”

思维755 被迫待业时，化身职业测评博主，在社交媒体推出“亲测100种副业，帮你避开陷阱”。

思维756 推销时被拒，你可以反向激发对方的好奇心：“您说得对，90%的客户最初都这么说，但后来发现这东西比他们预想的实用多了。”

思维 757 当店铺遭遇差评时，置顶最苛刻的差评并改进，把批评者变成品牌见证人，让客户看见自己的改变。

思维 758 当设备较为传统时，可以突出其独特价值：“用‘爷爷辈’的机器做出记忆中的味道。”

思维 759 当市场竞争处于劣势时，可以制作周边同类商家的比价表，可以强调：“同等品质，更实惠的价格”。

思维 760 求职时，面对职业空窗期的询问，你可以陈述在待业期一直进修，并展示进修成果。

思维 761 当产品有瑕疵时，可以把修补痕迹做成独特的艺术标识。

思维 762 当店铺位置偏僻时，可以打造“城市秘境”的概念，营造需要预约才能获得的专属体验。

思维 763 在空间有限的场地中，可以通过强调“专属服务”来提升体验感。

思维 764 当产品制造效率太低时，宣传“慢工出细活儿”，把等待变成品质保证。

思维 765 面对客户压价时，您可以这样说：“特别理解您希望成本更优的考虑，其实咱们合作最重要的还是看品质和服务能不能让您放心，对吧？”

思维 766 参加朋友生日聚会时，如果忘记准备礼物，可以手写一张“礼物兑换券”，后面再补送真实礼物。

思维 767 在火车上，你端着一碗泡面，面对拥挤的乘客，喊“开水，小心烫”要比“麻烦让一让”更有效。

思维 768 孩子不愿意做课外作业，你可以说：“儿子，我来做作业，你来检查如何？”并故意做错让孩子讲解。

陈规可蹈乎？破茧方成蝶

规矩就像前人走过的脚印，起初是为了指引方向，防止后人迷失，但时间久了，这些脚印可能会变成沟壑，反而限制了行走的自由。这时，就需要跨出这些脚印，方能寻见新的天地。

点子剧场——胡服骑射

战国时期，赵武灵王刚即位时，赵国北方边疆经常遭到胡人的劫掠。赵武灵王在与胡人的交战中发现，对方身穿窄袖短袄，作战以骑兵为主，靠弓箭杀伤敌人，战场上的机动性远远高于中原诸国的军队。受此启发，赵武灵王决定对军队进行“着胡服”“习骑射”的改革。可命令还未下达，一些贵族就站出来反对，认为这项举措擅改传统制度，违背民众的意愿。赵武灵王驳斥他们说道：“只要能富国强力，又何必拘泥于古人的旧法。”

“胡服骑射”推行后，赵国军队实力突飞猛进，不仅横扫胡地，还灭掉了屡次进犯赵国的中山国。赵国也一跃成为当时除秦国之外最强的国家。

打破常规不是盲目地反对一切现有的规则，而是能够分辨哪些规矩仍然有益，哪些已经成为阻碍。当你发现某条规矩已经不再适应当下的需要时，就要有勇气探索替代方案；当意识到某种做法效率低下，就要主动寻求改进。

当我们面对规矩时，不妨多问一句：“有没有更好的方式？”保持这样的思考习惯，就能在规矩与创新之间找到平衡，走出属于自己的新路。

现代场景应用

在现实生活中，处处都有突破常规的可能。工作中，可以重新思考那些“一直这样做”的流程；学习中，可以尝试不同于主流的方法。每一次微小的突破，都可能带来意想不到的收获。

思维 769 为提高会议效率，建议引入 15 分钟站立会议机制，确保讨论简明扼要。

思维 770 入住高档酒店时，可以礼貌询问：“请问今天是否有机会升级房型？我们正在庆祝结婚纪念日”

思维 771 给自家店铺“刷”条特别的评价：“服务好得让我有点‘烦恼’——女朋友天天惦记着来！”用看似吐槽的方式，传递正面信息。

思维 772 当孩子吵闹时，你可以对孩子说：“我们来比赛，看谁能保持安静 5 分钟。”

思维 773 当你想议价时，可以先礼貌询问：“请问这个价格还有商量空间吗？”如果对方表示为难，再委婉提出：“那八折的话您看可以接受吗？”

思维 774 被拉进和自己无关的会议时，提前说：“我待会儿有个紧急电话，可能得中途离开。”

思维 775 晚上 8 点后去超市，直接问店员：“有没有今天要打折的熟食？”经常能以 3 折买到 8 点以前的正价食材。

思维 776 面试时，当 HR 问“你还有什么问题”时，可以反问：“您觉得这个岗位最大的挑战是什么？”对方可能会下意识透露关键信息。

思维 777 点外卖时，在备注里写："今天生日，求一个小惊喜！"商家可能会送饮料或加量。

思维 778 早上叫孩子起床时，可以试试这样说："我打赌你现在肯定还困得睁不开眼。"小朋友的好胜心常常会让他们立刻精神抖擞地跳起来证明自己已经醒了。

思维 779 上车后可以友善地问司机："师傅，请问哪条路现在比较顺畅？"这样司机通常会主动选择最优路线。

思维 780 把工作重点写在便利贴上，贴在显示器边缘，比电子备忘录更能让领导注意到。

思维 781 当健身房推荐年卡时，可以礼貌询问："请问有没有短期体验选择？我想先感受下这里的运动氛围。"这样常常能获得试练机会。

思维 782 网购时，可以问客服："最近有隐藏优惠吗？"很多店铺会直接发专属折扣码，省去比价时间。

思维 783 网购需要退货时，选择"尺寸不符"作为理由，通常能更顺利地协商运费事宜。

思维 784 当快递员来电时，可以温和地说："麻烦您放在门口就好，我这边能看到。"这样快递员通常会仔细放好包裹。

他山石攻玉，异域水活源

当人们长期深耕某个特定领域时，往往会不自觉地形成思维定式。有时，培养跨界思维，能帮你突破固有框架，以更开阔的视角理解问题，找到创新性的解决方案。

点子剧场——买鹿制楚

春秋时期，齐桓公想要讨伐楚国，但考虑到楚国国力强盛，一时难以下定决心，便召来管仲商议此事。管仲随即献上“购鹿计”，计划以楚国特产的梅花鹿来削弱楚国国力。

在管仲的安排下，大量的齐国商人涌入楚国，大肆宣扬“齐桓公重金求购梅花鹿”的消息。楚人见有利可图，纷纷进山捕鹿，农民荒废了田地，士兵疏忽了训练。与此同时，管仲还命人在楚国的邻国收购粮食，并要求他们不准将粮食卖给楚国。

不久，楚国发生了粮荒，而楚人空有钱财却无处购粮，楚国军队更是人黄马瘦，毫无战斗力。齐桓公看准时机，派遣大军逼近楚国边境，楚王得到消息后不得不选择向齐国求和。

当医生深谙医学却不解工程原理，工程师精通技术而不通艺术美学，艺术家执着美感却疏于科学思维时，各领域便逐渐形成了独特的认知“方言”，彼此间的对话变得困难重重。

跨界思维恰恰是打破这种认知壁垒的钥匙。它并非简单拼凑不同领域的知识，而是通过创造性融合各学科的思维逻辑与方法论，实现认知体系的重构与创新。

现代场景应用

当你学会用跨界视角观察世界，每个领域都将成为创新的素材库，最终在领域的交叉点上，发现别人看不见的机会，开拓属于自己的认知蓝海。

思维 785 拖延症严重时，把待办事项变成“游戏任务”，完成一项就给自己“经验值”，如积分，攒够一定分数兑换奖励。

思维 786 家里杂物太多，收纳困难时，参考“超市货架分类法”按使用频率分区，高频如钥匙、充电器放门口，低频如纪念品收纳到高处。

思维 787 学习新技能容易半途而废时，模仿“健身增肌”模式，每天固定“训练量”，如学 20 分钟，逐步增加难度，避免一次性学太多导致放弃。

思维 788 早起困难时，模仿“火箭发射倒计时”，设定“5、4、3、2、1”倒数，数到“1”立刻起床，避免赖床时的纠结。

思维 789 当网购犹豫不决时，可采用“投资策略”，问自己这件物品我会珍视并长期使用吗？它能融入我的日常生活吗？这种长线价值的考量方式，能有效帮我们分辨真正需要的物品和一时兴起的购物欲。

思维 790 感觉时间总不够用时，可借鉴“交通信号灯”管理法；红灯——紧急任务，立刻做；黄灯——重要但不急，规划时间；绿灯——可做可不做，向后延迟。

思维 791 团队合作效率低时，可以参考“足球阵型”分工：创意者为前锋，负责提点子；协调者为中场，负责沟通对接；执行者为后卫，负责落实细节。

思维 792 想要改善健忘的问题，可以借鉴计算机的内存管理原理：将约会、生日、待办事项等程序性信息，安心托付给手机日历、提醒工具和记事应用。不仅能确保重要事项不被遗漏，还能为大脑腾出更多空间，专注于需要创造力和深度思考的事务。

思维 793 当面临人生重大抉择时，不妨借鉴企业决策中的分析法：罗列出它的优势与劣势，评估潜在的发展机遇，也要考量可能面临的风险。这种结构化的思考方式，能帮助我们跳脱情绪干扰，做出更理性的选择。

思维 794 想要减少手机使用时，可以尝试设置“无手机空间”——比如在餐桌和卧室划定不使用电子设备的区域。当想刷手机时，用其他活动替代：泡杯茶，翻几页书，或者闭上眼睛休息一会儿。

思维 795 房间总是乱糟糟，可以参考“5S 管理法”：整理——扔掉无用物；整顿——固定物品位置；清扫——定期清洁；清洁——保持习惯；素养——养成自律。

思维 796 面对失败情绪低落时，你可以用“科学实验”视角看待，告诉自己：“失败只是实验数据，调整方法，下次就能更接近成功。”

思维 797 培养新习惯时，可以将其和日常生活中的既有习惯自然衔接。比如，在每天刷牙后立即喝一杯水，将手机放在远离床头的位置作为睡前仪式。

思维 798 社交场合冷场时，可以用“乒乓球对话法”：像打乒乓球一样，每次接话后“回球”，比如：“你呢？”“你觉得怎么样？”

思维 799 想学新语言但难坚持时，可以试试“追剧法”：只看外语剧，如看韩剧学韩语，用“等更新”的期待感驱动学习。

思维 800 和家人争论对错时，可以依据法庭辩论规则，约定“每人陈述 2 分钟，不打断”，其他人应安静听完再回应，避免情绪升级。